Tabea Rachfahl, Beatrix Wolpers

Mit Eltern sprechen – Gewusst wie!

Der praktische Leitfaden für erfolgreiche Elterngespräche

Tabea Rachfahl ist Förderschullehrerin. Sie hat zunächst an einer Förderschule mit dem Schwerpunkt Lernen als Klassenlehrkraft gearbeitet und war parallel an Grundschulen tätig. Nach einigen Jahren an einer Hauptschule in Hildesheim ist sie nun an einer Oberschule eingesetzt. Sie ist zudem systemische Therapeutin und Beraterin (SG).

Beatrix Wolpers ist Förderschullehrerin. Sie hat Unterrichtserfahrungen als Klassenlehrerin an Förderschulen mit dem Schwerpunkt Lernen, Körperliche und Motorische Entwicklung und Geistige Entwicklung. Sie war bereits in verschiedenen inklusiven Kontexten von Grund- und weiterführenden Schulen eingesetzt. Aktuell arbeitet sie an einer Gesamtschule in Hildesheim. Sie absolvierte ein Abschlusszertifikat nach einer dreijährigen Fortbildung im „systemischen Arbeiten in pädagogischen Kontexten".

Wir verwenden in unseren Werken eine genderneutrale Sprache, damit sich alle gleichermaßen angesprochen fühlen. Wenn keine neutrale Formulierung möglich ist, nennen wir die weibliche und die männliche Form. In Fällen, in denen wir aufgrund einer besseren Lesbarkeit nur ein Geschlecht nennen können, achten wir darauf, den unterschiedlichen Geschlechtsidentitäten gleichermaßen gerecht zu werden.

1. Auflage 2024

AAP Lehrerwelt GmbH
Veritaskai 3
21079 Hamburg
Telefon: +49 (0) 40325083-040
E-Mail: info@lehrerwelt.de
Geschäftsführung: Andrea Fischer, Sandra Saghbazarian, Robin Schlenkhoff
USt-ID: DE 173 77 61 42
Register: AG Hamburg HRB/126335

Autorschaft:	Tabea Rachfahl, Beatrix Wolpers
Covergestaltung:	TSA&B Werbeagentur GmbH Hamburg
Coverfoto:	© Emily N/peopleimages.com – stock.adobe.com
Illustrationen:	Julia Flasche (Hauptillustratorin), Corina Beurenmeister (Wappen), Eckart Breitschuh (Kalender/Wochenende), Mele Brink (Test), Heike Heimrich (Rahmen Glühlampe/Herzen/Pfeile), Manuela Ostadahl (Terminkalender), Stefan Lucas (Hände, Kaffeeklatsch, Pfeile und Mund, Zielscheibe), Katharina Reichert-Scarborough (Glühlampe, Handy, Handy durchgestrichen, Icon E-Mail, Sprechblasen/Wäscheleine, Telefon), Satzpunkt Ursula Ewert GmbH (Pinnwand), Thorsten Trantow (Daumen), z. T. bearbeitet/koloriert: Redaktion Grundschule / Nele Mohr
Satz:	Satzpunkt Ursula Ewert GmbH, Bayreuth
Druck und Bindung:	Design and printing JSC KOPA, Kaunas

ISBN/Bestellnummer: 978-3-403-21128-0
www.persen.de

© schnippschnapp/stock.adobe.com

Es gibt bereits vielfältige Literatur rund um das Thema Elterngespräche. Ein großer Teil ist dabei für Kindertagesstätten gedacht. Das Material, das es für den Bereich Schule gibt, greift oftmals klassische Kommunikationsmodelle auf. Schwerpunkt des vorliegenden Ratgebers ist die Ausrichtung auf den Beziehungsaspekt zwischen Lehrkräften und Erziehungsberechtigten, um mit den Eltern auf Augenhöhe gemeinsame Ziele verfolgen zu können, anstatt wie so oft gegeneinander zu arbeiten. Denn das ist unserer Erfahrung nach sehr ermüdend und kräftezehrend. Die Authentizität der Lehrkraft steht dabei für uns im Fokus. Jede Lehrkraft ist anders. Eltern ebenfalls. Wir glauben daher nicht, dass Elterngespräche immer auf demselben Weg erfolgreich sind, sondern dass ganz individuelle Wege zum bestenfalls gemeinsamen Ziel führen können. Dabei braucht es unterschiedliche und flexibel verfügbare „Werkzeuge" (Strategien) sowie Fingerspitzengefühl und Neugier, um aufkommende Hindernisse aufzuspüren und aus dem Weg zu räumen.

Mit diesem Heft wollen wir Wege aufzeigen, wie es gelingen kann, eine positive und vertrauensvolle Lehrkraft-Eltern/Erziehungsberechtigten-Beziehung aufzubauen, Differenzen professionell aufzugreifen, ggf. umzuwandeln und dies gewinnbringend für die möglichst positive Entwicklung des anvertrauten Kindes zu nutzen.
Jede und jeder von uns hat sich einen sehr individuellen Erfahrungsschatz im Laufe seines Lebens angeeignet. Auf Elterngespräche in der Schule trifft das ebenfalls zu. Da wir Autorinnen nicht wissen, welche Erfahrungen Sie bereits gemacht haben und was bei Ihnen und Ihren Schuleltern funktioniert oder auch nicht, besteht in diesem Heft die Möglichkeit, eigene Eintragungen oder Ergänzungen vorzunehmen, damit Sie die enthaltenen Ideen und Anregungen durch Ihre persönlichen Erfahrungen ergänzen und damit für Ihren beruflichen Kontext stimmig und nutzbar machen können.
Für eine schnellere Umsetzung in der Praxis werden die Fließtexte kurzgehalten und übersichtlich zusammengefasst. Schaubilder und Karikaturen veranschaulichen die Inhalte.
Wir freuen uns, wenn dieser Leitfaden für Sie zu einem praktischen Wegweiser wird.

Beim Lesen unseres Leitfadens kann es sein, dass Sie auf Begriffe stoßen, die in Ihrem Bundesland nicht geläufig sind, wie z. B. „Oberschule". Wir bemühen uns, um eine Vereinheitlichung der Begrifflichkeiten oder um eine gesonderte Beschreibung, damit deutlich wird, was wir meinen.
Zur besseren Lesbarkeit wird im weiteren Verlauf von „Eltern" die Rede sein. Alle anderen erziehungsberechtigen Personen, die mit der Fürsorge eines Schulkindes beauftragt sein können, wie z. B. die Großeltern oder Betreuungspersonen einer Wohngruppe, sind natürlich auch gemeint.

Ihre

Tabea Rachfahl und *Beatrix Wolpers*

Elternarbeit vs. Zusammenarbeit mit den Eltern

Längst wird in Schule statt der traditionellen „Elternarbeit" eine Erziehungs- und Bildungspartnerschaft zwischen Eltern und Lehrkräften beworben. Damit ist eine Partnerschaft auf Augenhöhe gemeint, die das Ziel verfolgt, das Kind in seiner Entwicklung gemeinschaftlich zu fördern (vgl. Grüter, Wild & Gorges 2019, S. 4).
Das schließt neben dem Erziehungsauftrag auch den Bildungsauftrag mit ein.

Jeder und jede von uns weiß, dass der Aufbau einer neuen Beziehung, in unserem Fall einer partnerschaftlichen Beziehung zwischen Eltern und Lehrkräften, Zeit und Vertrauen braucht. Doch oftmals bleibt im stressigen Schulalltag für diesen wichtigen Aspekt des Beziehungsaufbaus nur sehr wenig Zeit.

Lassen Sie uns das am Beispiel eines klassischen Elternsprechtages veranschaulichen:
Wer kennt es nicht? Eltern sitzen auf unbequemen und meist zu kleinen Stühlen vor dem Klassenzimmer und warten darauf, dass sie zehn Minuten mit dem jeweiligen Lehrer / der jeweiligen Lehrerin ihres Kindes sprechen können. Die Zeiten sind einem DIN-A4-Zettel zu entnehmen, der an der Klassentür hängt. Viele Eltern sehen die Lehrkraft nur zu diesen Gelegenheiten. Meist wurden die Termine im Vorfeld nicht persönlich, sondern über die Schulkinder oder einen allgemeinen Elternbrief abgesprochen. Bei mehr als einem Kind an der Schule kann es für Eltern sportlich werden, den nächsten Termin bei einer anderen Lehrperson wahrzunehmen, vor allem wenn der vorherige Termin überzogen wurde. Möglich ist auch, dass zu Hause der Familienalltag wartet und organisiert werden muss. Kurzum: Auch die Eltern sitzen eventuell „auf heißen Kohlen" und haben „keine Zeit" für einen Beziehungsaufbau.

Die oben beschriebene Szene erinnert ein wenig an das Warten auf einen lästigen Vorsorgetermin in einer Arztpraxis, z.B. beim Zahnarzt. Diesen Termin nimmt man möglicherweise nur wahr, weil er von den gesetzlichen Krankenkassen vorgeschrieben ist, um im Krankheitsfall eine Kostenerstattung zu erhalten.

Viele Eltern erscheinen nur zu dieser Gelegenheit in der Schule und „machen drei Kreuze", wenn sie wieder nach Hause können. Das kann verschiedene Gründe haben. Ein Grund könnte zum Beispiel sein, dass Eltern beim Warten im kalten Schulflur an das letzte Telefonat mit der Lehrkraft zurückdenken. Ein mulmiges Gefühl macht sich vielleicht breit. Schließlich ruft der Lehrer / die Lehrerin oft nur an, um ein aus schulischer Sicht vorhandenes Problem anzusprechen, wie beispielsweise „Ihr Kind hatte heute wieder mal keine Sportsachen dabei / hat keine Hausaufgaben gemacht / wirkt übermüdet / hatte einen Konflikt etc."

Ein anderer Grund könnten die Räumlichkeiten sein, die bei den Eltern Unbehagen auslösen. Denn eigentlich sind die Eltern der Schulzeit entwachsen, könnten sich aber im Klassenraum ihrer Kinder in ebendiese zurückversetzt fühlen. Fachlehrkräfte müssen Elterngespräche aus Platzmangel gelegentlich in ungemütlichen Nebenräumen führen, was beiden Seiten als Notlösung erscheinen könnte. Ein neutraler, angenehmer und für Erwachsene passend eingerichteter Beratungsraum, könnte ein Gespräch auf Augenhöhe positiv unterstützen.

Wie der Beschwerdeanruf ist auch der Elternsprechtag nicht zuletzt aufgrund der Zeitknappheit stark von der Lehrkraft gelenkt und oftmals problemzentriert (vgl. Grüter, Wild & Gorges 2019, S. 4). Hier gibt eine Seite der anderen vor, was zu passieren hat und was nicht. Zeit für einen echten Austausch bleibt somit kaum. Inhaltlich bildet das hier beschriebene Beispiel kaum eine gute Grundlage für den Aufbau einer tragfähigen Beziehung.

Auch an vielen Lehrkräften geht ein Elternsprechtag nicht spurlos vorüber. Sie fühlen sich schlichtweg ausgelaugt. Einige haben vielleicht hier und da überzogen, um wenigstens den zaghaften Versuch zu unternehmen, dem jeweiligen Schüler / der jeweiligen Schülerin gerecht zu werden. Andere mussten eventuell auch Gespräche führen, die für beide Seiten unangenehm verlaufen sind. Die Eltern, die man eigentlich dringend sprechen wollte, sind gar nicht erst erschienen. Wichtige Kompetenzen, wie z.B. Gesprächsführung, Beratung oder fachliche Hintergründe zu persönlichen Diagnosen oder Problemlagen der Kinder, wurden zudem im Rahmen der Ausbildung unzureichend vermittelt. Einige Lehrkräfte fühlen sich nicht genügend auf Elterngespräche vorbereitet. Der Elternsprechtag führt ihnen dieses immer wieder vor Augen.

Doch wie kann es gelingen, eine Zusammenarbeit zwischen Eltern und Lehrkräften aufzubauen, die von gegenseitigem Vertrauen und Respekt geprägt ist?
Wie können Gespräche mit Eltern geführt werden, die auf Augenhöhe stattfinden?
Auf welche Weise kann beiden Seiten genug Raum gegeben werden, um in einen echten Austausch zu kommen?
Wie kann aus Elternarbeit – Eltern machen Arbeit – eine Eltern(zusammen)arbeit werden?

Diese Fragen sind keine einfachen. Es gibt Elterngespräche, die sind schon von vornherein konfliktgeladen, ohne dass bereits etwas vorgefallen wäre. Doch woran liegt das?
Zum einen besteht in Deutschland und den meisten anderen Ländern dieser Welt bekanntermaßen die Schulpflicht. So gut das auch ist, liegt dennoch ein sogenannter „Zwangskontext“ vor. Eine Schulklasse hat nicht aus eigenen Stücken zusammengefunden und sich nicht die eine Lehrkraft ausgesucht, die am besten zu ihr passt. Auch im Rahmen der Erziehungs- und Bildungspartnerschaft treffen eventuell Menschen aufeinander, die sonst nichts miteinander zu tun hätten. Diese sind auf einmal zum Kontakt gezwungen. Mit den einen Eltern kann man auf Anhieb, mit den anderen will es vielleicht auch nach längerer Zeit einfach nicht harmonieren.

Zum anderen blicken Eltern auf sehr unterschiedliche Bildungsbiografien zurück. Nicht alle erinnern sich gerne an ihre eigene Schulzeit zurück. Das wirkt nach.
Es kann zudem sein, dass ein Machtgefälle wahrgenommen wird, da Schule als Repräsentant des Staates (vielleicht auch als Kontrollinstanz) erlebt wird. Zu kleine Stühle wie in unserem Eingangsbeispiel oder eine eher belehrende Art der Gesprächsführung seitens der Lehrkraft können das Gefühl für Eltern eventuell noch verstärken.

Geflüchtete und/oder immigrierte Eltern stehen vor ganz besonderen Herausforderungen. Sie konnten bisher selbst keine Erfahrungen mit dem deutschen Schulsystem sammeln, das auch nicht ganz leicht zu verstehen ist. Man bedenke allein die Fülle an unterschiedlichen Schulformen. Demnach ist es vielen der genannten Eltern nicht oder nur in Ansätzen möglich, ihre Kinder gut auf die Anforderungen vorzubereiten oder sie beim Lernen zu unterstützen.

> ***Aufgabe: Fragen Sie nach!***
> *Kann beispielsweise jeder/jede aus Ihrem Bekanntenkreis den Unterschied zwischen einer IGS und einer Oberschule[1] erklären?*

Hinzu kommt, dass Eltern die deutsche Sprache oft nur unzureichend beherrschen, wodurch Verständigungsschwierigkeiten eine zusätzliche Herausforderung darstellen können.

Des Weiteren überschneiden sich die Aufgabenbereiche von Eltern und Lehrkräften. Die Übergänge sind fließend. Getreu dem Motto „Mein Tanzbereich, dein Tanzbereich" fühlt sich der oder die ein oder andere möglicherweise auf den Schlips getreten, wenn der eigene Nahbereich vom Gegenüber nicht ausreichend respektiert und wertgeschätzt wird oder aber, wenn einer von beiden seine (vermeintlichen) Aufgaben nicht zufriedenstellend erfüllt.

Kurz zusammengefasst: Warum sind Elterngespräche häufig vorbelastet?

- *individuelle Erfahrungs- und Gefühlswelt der Lehrkräfte, Eltern und Schulkinder*
- *staatliche Institution Schule als Kontrollinstanz*
- *ungünstige oder fehlende Räumlichkeiten für Gespräche*
- *Sprachbarrieren zwischen Eltern und Lehrkräften*
- *Viele Eltern fühlen sich oft als „Systemfremde".*
- *Überschneidung der Kompetenz- und gleichzeitig Verantwortungsbereiche in der Zusammenarbeit mit Eltern*

Die Zusammenarbeit mit Eltern ist nicht immer einfach. Die Zusammenarbeit mit Lehrkräften ist es im Übrigen aus Sicht der Eltern auch nicht. Dennoch lohnt es sich, in die jeweils andere Seite zu investieren, geht es doch unter dem Strich um das Wohl des Kindes.

Das vorliegende Heft hält nun einige Ideen und Anregungen bereit, wie allen Widrigkeiten zum Trotz eine tragfähige und vertrauensvolle Beziehung zwischen Eltern und Lehrkräften aufgebaut werden kann. Zudem wird die Lehrkraft-Eltern-Kommunikation in den Blick genommen und die Frage: Wie gelingt es, diese durch kleine Tipps und Kniffe maßgeblich zu verbessern?

[1] In manchen Bundesländern werden Schulen mit einem Haupt- und Realschulzweig Oberschule genannt, manchmal haben diese auch eine gymnasiale Oberstufe.

Wie sind Elterngespräche rechtlich verankert?

Das Grundgesetz der Bundesrepublik Deutschland bildet die Grundlage für und die Verpflichtung zur Zusammenarbeit mit den Eltern in der Schule.
Darauf aufbauend ist die Zusammenarbeit von Schule und Eltern in den Schulgesetzen der einzelnen Bundesländer verankert und wird über verschiedene Erlasse und Verordnungen detaillierter geregelt.

Hierarchische Gesetzesstruktur

GRUNDGESETZ
Art. 6, Abs. 2 und 7, Abs. 1

SCHULGESETZE DER 16 BUNDESLÄNDER:
Bildungsauftrag und Erziehungsauftrag der Schule

Erlasse und Verordnungen der Bundesländer und Regionalschulämter zur Organisation von Elternmitwirkung

Gremien zur Teilhabe der Eltern am Schulleben
Schulkonferenz/Schulvorstand, Schulelternrat, Elternvertretung, Fachkonferenzen, Klassenkonferenzen, Zeugniskonferenzen

Verpflichtende wiederkehrende Gesprächsanlässe mit Eltern in der Schule
Elternsprechtage, (Informations-)Elternabende, ILE-Gespräche, Förderplangespräche, Konfliktgespräche etc.

Arbeitsgrundlage für Lehrkräfte

Mitwirkungsmöglichkeiten für Eltern

Elternmitwirkung am Schulleben

Anhand des abgedruckten Schaubilds lässt sich das Ineinandergreifen verschiedener Gesetzesebenen nachvollziehen. Die obere Ebene beeinflusst dabei die jeweils darunterliegende Ebene bis hin zur konkreten Umsetzung von der Zusammenarbeit mit Eltern in der Schule (unterste Ebene).

Artikel 6 des Grundgesetzes besagt, dass

> „Pflege und Erziehung der Kinder (...) das natürliche Recht der Eltern (ist) und die zuvörderst ihnen obliegende Pflicht. Über ihre Betätigung wacht die staatliche Gemeinschaft."

Im **Artikel 7 des Grundgesetzes** ist zudem geregelt, dass

> „Das gesamte Schulwesen (...) unter der Aufsicht des Staates (steht).

Somit sind Eltern und die Schule als Vertreter der staatlichen Gemeinschaft gleichermaßen per Gesetz für die Bildung und Erziehung der Kinder verantwortlich und zur Zusammenarbeit verpflichtet. Es erhalten beide „Parteien" zwei z.T. gemeinsame und einander ergänzende Aufträge, nämlich den Bildungs- und den Erziehungsauftrag. Dies spiegelt sich auch und noch konkreter in den einzelnen Schulgesetzen der Bundesländer wider.

Als Beispiele zur Veranschaulichung werden Auszüge aus den Schulgesetzen von Niedersachsen, Hamburg, Bayern, Sachsen, Hessen und Nordrhein-Westfalen aufgeführt.

Schulgesetze exemplarisch

Niedersächsisches Schulgesetz (NSchG)

§ 55 ***Erziehungsberechtigte***

> (2) Die Schule führt den Dialog mit den Erziehungsberechtigten sowohl bezüglich der schulischen Entwicklung als auch des Leistungsstandes des Kindes, um entwicklungsspezifische Problemstellungen frühzeitig zu erkennen und gemeinsam mit den Erziehungsberechtigten zu bewältigen.

Hamburgisches Schulgesetz (HmbSG)

§ 3 ***Grundsätze für die Verwirklichung***

> (4) Die Schule achtet das verfassungsmäßige Recht der Sorgeberechtigten auf die Erziehung ihrer Kinder. Schule und Eltern arbeiten vertrauensvoll zusammen und informieren sich wechselseitig über die Entwicklung der Schülerinnen und Schüler.

Bayrisches Gesetz über das Erziehungs- und Unterrichtswesen (BayEUG)

Art. 1 *Bildungs- und Erziehungsauftrag*

(1) Die Schulen haben den in der Verfassung verankerten Bildungs- und Erziehungsauftrag zu verwirklichen. Sie sollen Wissen und Können vermitteln sowie Geist und Körper, Herz und Charakter bilden. (…)

Art. 74 Zusammenarbeit der Schule mit den Erziehungsberechtigten

(2) Die gemeinsame Erziehungsaufgabe, die Schule und Erziehungsberechtigte zu erfüllen haben, erfordert eine von gegenseitigem Vertrauen getragene Zusammenarbeit. (…)

Sächsisches Schulgesetz (SächsSchulG)

6. Teil, 2. Abschnitt: *Mitwirkung der Eltern*

§ 45 *Elternvertretung*

(1) Die Eltern haben das Recht und die Aufgabe, an der schulischen Erziehung und Bildung mitzuwirken. Die gemeinsame Verantwortung von Eltern und Schule für die Erziehung und Bildung der Schüler erfordert ihre vertrauensvolle Zusammenarbeit. Schule und Eltern unterstützen sich bei der Erziehung und Bildung.

Hessisches Schulgesetz (HSchG)

§ 3 *Grundsätze für die Verwirklichung*

(12) (…) Zur Erfüllung des Bildungs- und Erziehungsauftrags der Schule wirken die Beteiligten, insbesondere Eltern, Lehrkräfte sowie Schülerinnen und Schüler, zusammen. Alle Beteiligten müssen schulische Angebote und das Schulleben so gestalten können, dass die Schule in die Lage versetzt wird, ihrem Auftrag je nach örtlichen Gegebenheiten gerecht zu werden.

Schulgesetz für das Land Nordrhein-Westfalen (NRW – SchulG)

Erster Abschnitt: *Auftrag der Schule*

§ 2 *Bildungs- und Erziehungsauftrag der Schule*

(3) Die Schule achtet das Erziehungsrecht der Eltern. Schule und Eltern wirken bei der Verwirklichung der Bildungs- und Erziehungsziele partnerschaftlich zusammen.

Daraus ergibt sich, dass sich Eltern der Zusammenarbeit mit Schule nicht entziehen können. Genauso wenig dürfen Lehrkräfte auf die Zusammenarbeit mit den Eltern ihrer Schülerinnen und Schüler verzichten.

Eine Zusammenarbeit zwischen Schule und Elternhaus ist gesetzlich geregelt und erfolgt zum Wohle des Kindes.

Kurz zusammengefasst: ***Wie ist die Zusammenarbeit rechtlich geregelt?***

- *Zusammenarbeit zwischen Schule und Elternhaus ist gesetzlich geregelt und wird staatlich kontrolliert.*
- *Beide Partner erhalten einen Bildungs- und Erziehungsauftrag. Eltern fühlen sich zunehmend auch für den Bildungsauftrag verantwortlich.*
- *Eltern und Schule agieren zum Wohle des Kindes.*

Durch die (gesetzliche) Verpflichtung entsteht ein „Zwangskontext", der bereits weiter oben erwähnt wurde. Das bedeutet, dass es kaum eine oder keine Wahl gibt. Die konzeptionelle Ausgestaltung obliegt hingegen der jeweiligen Schule. Diesen Vorgaben muss jede Lehrkraft nachkommen. Wie engagiert und erfolgreich sie dabei ist, ist von individuellen Ressourcen abhängig. Diese sollen im weiteren Verlauf weiter betrachtet werden.

Wie kann Zusammenarbeit zwischen Schule und Elternhaus gelingen?

Vielleicht sind Ihnen beim Lesen spontan einige Ideen gekommen, wie sich das Eingangsbeispiel des Elternsprechtags (S. 5) umgestalten lassen könnte. Nachfolgend präsentieren wir ein paar Alltagsszenen und dazu unserer Vorschläge. Die letzten beiden Kästen sind jedoch frei. Hier können bei Bedarf passend zu Ihrem Kontext Änderungsideen notiert werden. Der Kreativität sind dabei kaum Grenzen gesetzt.

Eltern sitzen auf unbequemen und zu kleinen Stühlen.

Besser: Insbesondere im direkten Gespräch sollten alle Teilnehmenden auf demselben Typ Stuhl sitzen. Ungünstig ist es, wenn Eltern auf Schülerstühlen sitzen, Lehrkräfte aber einen echten Schreibtischstuhl mit Armlehne etc. haben (Rahmenbedingungen, s. S. 31 f.).

Für das Gespräch ist nur ein sehr enges Zeitfenster vorgesehen.

Besser: Wenn beide Seiten gleichberechtigt zu Wort kommen, spricht nichts gegen ein enges Zeitfenster. Auch eine genaue Zielformulierung kann helfen, sich zeitlich nicht zu verlieren. Grundsätzlich sollte besonders wichtigen Gesprächen jedoch mehr Zeit eingeräumt werden, z. B. an einem anderen Tag mit mehr Luft. Dann kann auch eine gute Beratung erfolgen, um beispielsweise die individuelle Lernentwicklung des Kindes besser in den Blick nehmen zu können. Diese wichtige Mehrarbeit sollte dabei vonseiten der Schule unbedingt unterstützt und honoriert werden (Zeitmanagement, s. S. 29).

Während ausschließlich die Lehrkraft spricht und Ratschläge gibt, kommt die Elternseite kaum zu Wort.

Besser: Eine aufgeschlossene Haltung den Eltern gegenüber kann helfen, dem Gegenüber genug Raum zu geben, seine Erfahrungen und Einschätzungen zu teilen. Nur so kann auch ein intensiver Informationsaustausch stattfinden (Menschenbild, innere Haltung, Gesprächsführung, s. S. 27).

Lehrkräfte tätigen ausschließlich Beschwerdeanrufe.

Besser: Damit eine Vertrauensbasis entstehen kann, bietet sich eine anlassunabhängige Kontaktaufnahme an, die zu Beginn der Zusammenarbeit so positiv wie möglich gestaltet wird. Die Möglichkeiten einer alternativen Kontaktaufnahme sind vielfältig (Aufbau einer vertrauensvollen Lehrkraft-Eltern-Beziehung, s. S. 17 f., 27 f.).

Besser:

Besser:

Kurz zusammengefasst:

- anlassunabhängige und kontinuierliche Förderung der kindlichen Lernentwicklung
- ausführliche Analyse des Kindes
- Beratung der Eltern
- Zusammenarbeit auf Augenhöhe
- aufgeschlossene Haltung der Lehrkräfte
- Vertrauensbasis für eine Zusammenarbeit zwischen Eltern und Schule

Wo stehe ich? – Ein Selbsttest

Vielleicht ist es für Sie hilfreich, die nachfolgenden Aussagen für sich zu beantworten. Die Aussagen können Ihnen eine Orientierung geben, wo Sie in Bezug auf Elterngespräche stehen und welche Schwerpunkte Sie gerne vertiefen möchten.

Wie sehr stimmen Sie den folgenden Aussagen zu?
Antworten Sie spontan mit *Ja* oder *Nein*.

Wie sehen Sie die Eltern Ihrer Schulkinder?

① *„Eltern sind die Expertinnen und Experten für ihre Kinder."*

☐ **Ja** ☐ **Nein**

② *„Eltern möchten stets das Beste für ihre Kinder."*

☐ **Ja** ☐ **Nein**

③ *„Ich arbeite gerne mit den Eltern meiner Schulkinder zusammen."*

☐ **Ja** ☐ **Nein**

Wie stehen Sie zu Elterngesprächen?

① *„Die Zusammenarbeit mit Eltern erlebe ich oft als Bereicherung."*

☐ **Ja** ☐ **Nein**

② *„Mir fällt es leicht, in Elterngesprächen auch schwierige Themen anzusprechen."*

☐ **Ja** ☐ **Nein**

③ *„Ich kontaktiere Eltern auch gelegentlich, um ihnen mitzuteilen, dass etwas gut lief."*

☐ **Ja** ☐ **Nein**

④ *„Elterngespräche bilden die wesentliche Grundlage für eine gute Beziehung zu meinen Schülerinnen und Schülern."*

☐ **Ja** ☐ **Nein**

⑤ *„In Elterngesprächen fühle ich mich kompetent und sicher."*

☐ **Ja** ☐ **Nein**

Auswertung:

Sie haben die Fragen überwiegend mit **Nein** beantwortet?

Danke, dass Sie sich diesen Leitfaden gekauft oder geliehen haben. Ein noch größeres Dankeschön gilt aber Ihrer Ehrlichkeit sich selbst gegenüber.
Wir freuen uns, mit Ihnen gemeinsam auf die Reise zu gehen, wie Elterngespräche gut gelingen können. Hoffentlich sind für Sie einige nützliche Ideen dabei, die Sie mit in die Praxis nehmen können.

Sie haben **viermal** mit **Ja** und **viermal** mit **Nein** geantwortet?

Mit viermal Ja sind Sie schon auf einem guten Weg beim Führen von Elterngesprächen. Wir hoffen, dass Sie in diesem Leitfaden gute Anregungen finden, um sich persönlich weiterzuentwickeln. Wichtige Grundlagen nutzen Sie bereits.

Sie haben überwiegend mit **Ja** geantwortet?

Wie schön, dass Sie Interesse an unserem Leitfaden haben und weiterhin an zusätzlichen Anregungen zum Thema „mit Eltern sprechen" interessiert sind.
Wir hoffen, dass Sie auf den folgenden Seiten fündig werden.

Wo möchte ich hin?

Welche Wünsche haben Sie in Bezug auf das Thema „mit Eltern sprechen"?

Notieren Sie sich einmal, welche Fragen Sie gern beantwortet wissen wollen.
Dann können Sie ggf. gezielt im Heft nach Antworten suchen.

....

....

....

....

....

....

....

....

Welche Bedeutung hat die Lehrkraft-Eltern-Beziehung?

Eine partnerschaftliche Beziehung zu den Eltern der Schulkinder aufbauen – das klingt nach einer großen Aufgabe. Jede Person, die in ihrem Leben eine Beziehung (zu wem auch immer) eingegangen ist, weiß, wie anstrengend und zeitintensiv so ein Vertrauensaufbau sein kann. „Was soll man als Lehrkraft noch alles leisten?", fragt sich vielleicht die eine oder der andere. Manch eine oder einer stellt sich vielleicht auch die Frage nach dem Warum.

So manchen Job oder so manche Wohnung bekommt man nur über Beziehungen – das sogenannte „Vitamin B". Ob eine Therapie erfolgreich ist oder nicht, wird maßgeblich von der Beziehung der Therapeutin / des Therapeuten zur Patientin / zum Patienten beeinflusst. Um Kindern etwas beizubringen oder eine Kooperation zu erreichen, ist ein Beziehungsaufbau unerlässlich. Wir als Lehrkräfte wissen das. Gerade Schülerinnen und Schüler mit einem Bedarf an sonderpädagogischer Unterstützung im Bereich emotionale und soziale Entwicklung erreicht man nur, wenn eine Beziehungsebene hergestellt ist.

Was für Jobs, Wohnungen, Therapieerfolge und Schulkinder gilt, gilt ebenso auch für Eltern. Eltern kooperieren viel bereitwilliger, wenn die Beziehung zwischen ihnen und uns stimmt.

Warum ist es dabei so wichtig, dass Eltern gerne mit uns an einem Strang ziehen?
Kinder lernen gerade im Grundschulalter vorwiegend für uns Lehrkräfte, in erster Linie aber für ihre Eltern und nicht (unbedingt) für sich selbst. Sie sind sehr auf den Zuspruch von außen angewiesen. Um unsere Schulkinder nun bestmöglich fördern und fordern zu können, brauchen wir die Eltern auf unserer Seite, die mit uns Hand in Hand arbeiten statt gegen uns. Um Eltern für unsere Ideen zu begeistern und den Kindern die Grundschulzeit so schön und unvergesslich wie möglich zu machen, ist ein Beziehungsaufbau zu den Eltern daher ungemein wichtig. Es geht dabei nicht darum, die Eltern in unserem Sinne zu manipulieren, sondern um eine Haltung bzw. unser Menschenbild. Wir wollen Kinder ganzheitlich betrachten. Dazu gehört eben auch das Elternhaus. Wir gehen davon aus, dass Eltern ihre Kinder am besten kennen. Diese Expertise können wir gut im Schulalltag nutzen, um die jeweilige Schülerin / den jeweiligen Schüler in ihrer/seiner Lernentwicklung und in der Persönlichkeitsbildung individuell und bestmöglich unterstützen zu können.

Strukturell gesehen werden uns dabei Steine in den Weg gelegt. Der ein oder andere Elternteil scheut sich sicher, offen mit uns zu sprechen, sitzt die Lehrkraft doch am längeren Hebel und entscheidet mit der Notenvergabe über schulischen Erfolg oder Misserfolg. Eltern sind daher oftmals in Sorge, das eigene Kind durch z.B. geäußerte Kritik am Lehrer / an der Lehrerin ins Abseits zu befördern, und behalten wertvolle Informationen lieber für sich. Das Vertrauen mancher Eltern müssen wir uns also doppelt hart erarbeiten.

Ist ein Vertrauensaufbau gelungen, sieht die Ausgestaltung nicht so aus, dass wir uns am Ende der Schulzeit mit allen Eltern unserer Schulkinder duzen müssen und bis dahin unsere gesamten Kapazitäten in den Beziehungsaufbau zu den Eltern gesteckt haben. Dafür sind die Anforderungen, die an Lehrerinnen und Lehrer gestellt werden, zu umfangreich und vielfältig. Jede Lehrkraft muss gut mit ihren Ressourcen haushalten, gerade wenn daheim noch eine Familie versorgt werden will. Aber auch sonst gilt es, genau hinzuschauen, wie ein Band zu den Eltern geknüpft werden kann, das im besten Fall die gesamte Grundschulzeit des Kindes Bestand hat, ohne für beide Seiten zur Last zu werden. Dabei reicht es, an den entscheidenden Stellen in den Beziehungsaufbau zu investieren, damit ein tragfähiges Band entstehen kann, das vielleicht auch das ein oder andere Krisengespräch aushalten kann. Beziehungen sind nicht statisch zu verstehen, sondern überaus dynamisch, und sie können sich in die ein oder andere Richtung verändern. Wir hoffen, dass wir Ihnen einige Denkanstöße und Anregungen an die Hand geben können, wie Sie eine dynamische Beziehungsgestaltung für Ihre Arbeit und im Sinne des Kindes nutzbar machen können.

Einflussfaktoren

Was führt zum Erfolg oder zu guten Ergebnissen? Und was ist ein gutes Ergebnis?

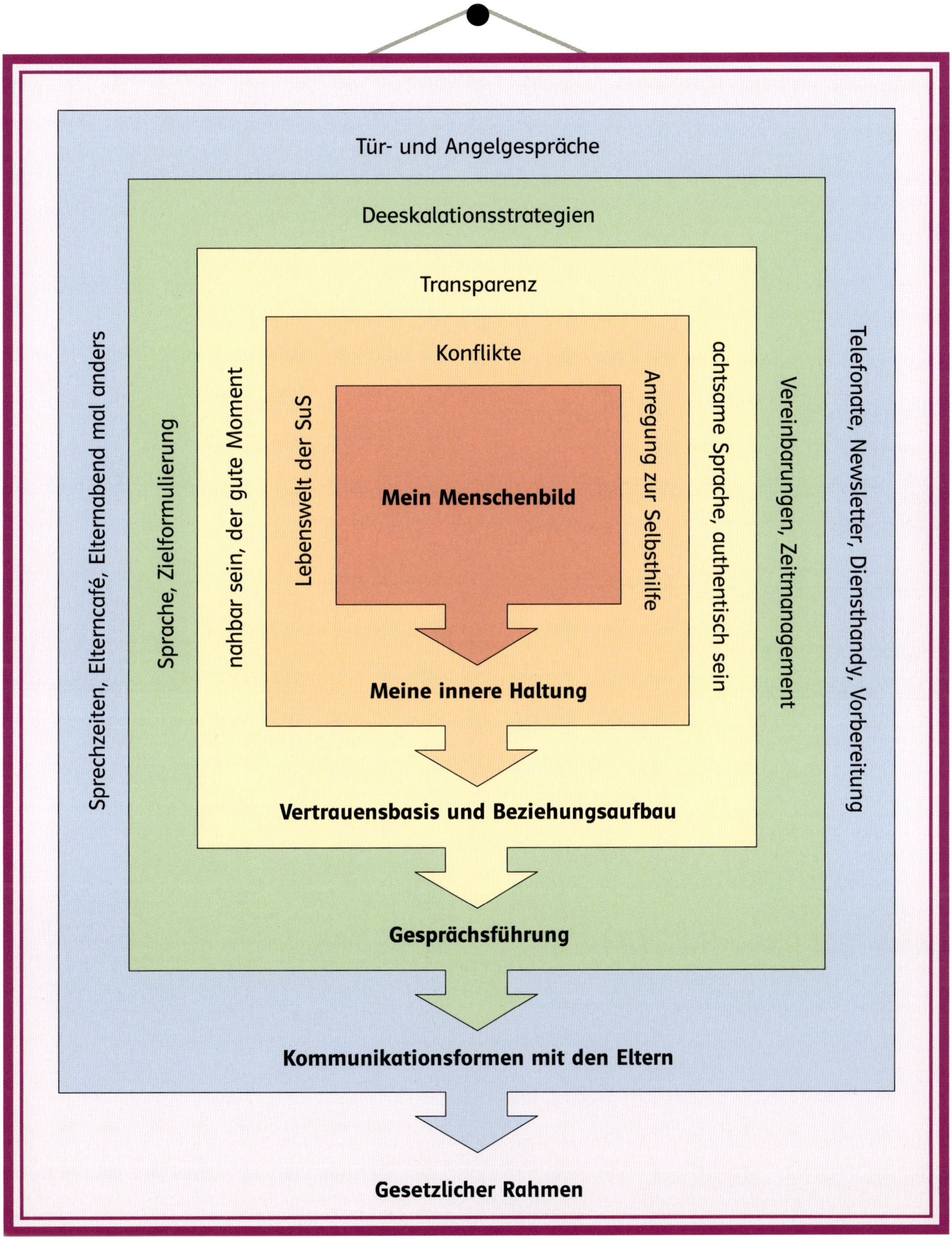

Tür- und Angelgespräche

Sprechzeiten, Elterncafé, Elternabend mal anders

Telefonate, Newsletter, Diensthandy, Vorbereitung

Deeskalationsstrategien

Sprache, Zielformulierung

Vereinbarungen, Zeitmanagement

Transparenz

nahbar sein, der gute Moment

achtsame Sprache, authentisch sein

Konflikte

Lebenswelt der SuS

Anregung zur Selbsthilfe

Mein Menschenbild

Meine innere Haltung

Vertrauensbasis und Beziehungsaufbau

Gesprächsführung

Kommunikationsformen mit den Eltern

Gesetzlicher Rahmen

Unser eigenes Menschenbild sowie unsere innere Haltung beeinflussen stark unser Handeln. Je nach Ausrichtung unseres Menschenbildes gelingt der Aufbau einer vertrauensvollen Beziehung zueinander einfacher oder schwieriger. Fühlen sich die Eltern im Gespräch gesehen und verstanden, kommt es zu einer Kooperation mit der Lehrkraft. Diese Kooperation zwischen Eltern und Lehrperson ist wichtig, um gemeinsam wertvoll für das Kind sein zu können. Die im Schaubild genannten Begrifflichkeiten, wie z. B. das Menschenbild oder die innere Haltung, bilden die Rahmenbedingungen für eine gelingende Kommunikation mit den Eltern. Die Gestaltung des Rahmens, in der die Elternkommunikation stattfindet, darf von der jeweiligen Lehrkraft und Schule kreativ genutzt werden. Im vorliegenden Heft finden sich einige Beispiele, wie dieser Rahmen ausgestaltet werden könnte. Die Ausrichtung eines Elterncafés erscheint Ihnen nicht passend oder die Möglichkeit fehlt? Wie sieht es stattdessen z. B. mit einem Ausflug zum Abenteuerspielplatz gemeinsam mit den Familien aus? Passen Sie gern ihre Zusammenarbeit mit den Eltern an Ihr Schulprofil, Ihre örtlichen Gegebenheiten und persönlichen Kapazitäten an.

Der gesetzliche Rahmen gibt diese Zusammenarbeit mit den Eltern vor, aber wie Sie diese im Einzelnen gestalten, obliegt Ihnen und Ihrem jeweiligen Schulkonzept.

Menschenbild und innere Haltung

Welche Bilder entstehen in uns, wenn wir an die Eltern unserer Schulkinder denken? (Menschenbild)

Wir alle neigen dazu, uns ein persönlich gefärbtes Bild von Eltern unserer Schulkinder zu machen und es in Schubladen zu stecken. In Abhängigkeit von vielen verschiedenen Faktoren, wie beispielsweise eigenen Erfahrungen, Prägungen und Interaktionen sowie der Fähigkeit, das eigene Werte- und Glaubenssystem zu reflektieren und zu hinterfragen, haben wir Kommoden mit nur wenigen Schubladen und wenigen Elternkategorien oder aber ganze Aktenschränke voll unterschiedlicher Bilder von Elterntypen. Da gibt es zum Beispiel die Eltern, die sofort auf der Matte stehen und ihrem Kind jedes Hindernis aus dem Weg räumen möchten. Begriffe wie „Helikoptereltern" oder „Rasenmähereltern" sind längst zu geflügelten Worten geworden.

Es gibt in unseren Schubladen aber auch Eltern, die sich wenig bis kaum um den Schulerfolg ihrer Kinder zu kümmern scheinen. Zwischen den genannten Elternstereotypen, die Extreme darstellen, gibt es unzählige Kombinationen und Abstufungen.

Die Schubladen, in die wir die Eltern unserer Schülerinnen und Schüler stecken, speisen sich aus ganz unterschiedlichen Dingen:

- Welche Erfahrungen habe ich in meinem Leben bisher mit Menschen im Allgemeinen gemacht?
- Waren sie mir eher positiv oder negativ gesonnen?
- Glaube ich dabei an einen guten Kern in jedem Menschen oder gehe ich eher davon aus, dass jede/jeder nur auf den eigenen Vorteil bedacht ist?
- Glaube ich daran, dass meine bisherigen Erfahrungen auch die Bilder der Eltern meiner Schulkinder färben?

Diese Fragen beantwortet man je nach persönlicher Konstitution und Lebenssituation vermutlich anders. Nach einem entspannten Wochenende steht man seinen Mitmenschen wahrscheinlicher positiver gegenüber als nach einer durchwachten Nacht.

Aufgabe: Wie ist es bei mir?

Im Folgenden finden Sie Adjektivpaare, die einen ähnlichen Charakterzug beschreiben. Welchen der beiden Begriffe würden Sie eher verwenden, um einen Menschen zu beschreiben? Kreisen Sie ihn ein.

interessiert | neugierig

sensibel | empfindlich

schüchtern | zurückhaltend

vorsichtig | überängstlich

sachlich | kühl

ordentlich | penibel

durchsetzungsfähig | dominant

authentisch | unkontrolliert

einfühlsam | gefühlsgeleitet

sorgfältig | kleinlich

zugewandt | distanzlos

zielstrebig | unflexibel

spontan | inkonsequent

Schauen Sie sich nun die Adjektive, die Sie eingekreist haben, an:

- *Sind es eher positive oder eher negative Attribute?*
- *Welche Rückschlüsse ziehen Sie auf Ihr Menschenbild?*

....

....

Unser Menschenbild prägt unsere Wahrnehmung. Unsere Wahrnehmung wird zudem durch unseren aktuellen Fokus geprägt. Wenn ich zum Beispiel seit Monaten versuche, selbstsicherer aufzutreten, es mir aber einfach nicht gelingen mag, sehe ich auf einmal überall nur noch Menschen, die vor Selbstbewusstsein fast zu platzen scheinen. Oder ich bin auf der Suche nach den perfekten

Sneakern und schaue meinen Mitmenschen nur noch auf die Schuhe. Auch Ihnen werden sicher auf Anhieb einige solcher Beispiele einfallen.

Menschen in Schubladen zu stecken, hilft uns, dass diese Welt weniger komplex erscheint und erleichtert uns den Alltag. Vorschnelle Zuschreibungen mindern jedoch die Neugier auf die Sicht meines Gegenübers. Der triviale Satz, dass man Menschen nur vor den Kopf gucken kann, trifft es dabei ganz gut. Jeder Mensch hat gute Gründe für sein Handeln. Nicht alle Gründe können wir auf Anhieb nachvollziehen, dennoch lohnt es sich, genauer hinzuschauen.

Wir ärgern uns darüber, dass ein Schüler morgens immer allein aufstehen muss und daher oft zu spät kommt? Vielleicht muss seine alleinerziehende Mutter Nachtschichten übernehmen, damit sie tagsüber ihre Kinder betreuen kann, und kommt deswegen morgens einfach nicht aus dem Bett.

Ein anderes Kind trinkt ausschließlich Eistee und sie wundern sich, wie Eltern ihrem Kind so ein Getränk mitgeben können? Vielleicht hat es sich den Eistee ohne das Wissen der Eltern auf dem Weg zur Schule von seinem Taschengeld gekauft und die Flasche Wasser steckt irgendwo im Rucksack. Oder das Kind vergisst laufend das Trinken und dies ist der Weg, es zu motivieren, in der Schulzeit überhaupt Flüssigkeit zu sich zu nehmen.

Oder sie geben Elternbriefe mit nach Hause und von den Eltern fehlt jegliche Rückmeldung. Ihr erster Gedanke ist womöglich: Kümmern sich die Eltern gar nicht um ihr Kind? Dabei stecken die Elternbriefe in der Schublade der Schule und haben es gar nicht bis nach Hause geschafft.

Das alles und noch viel mehr erfahren wir nur, wenn wir gegenüber Eltern wertschätzend und neugierig auf ihre Sicht der Dinge sind. Auf diese Weise schaffen wir es, uns von vorgefertigten Schubladen zu befreien und mit echtem Interesse die individuelle Ursache für Phänomene zu ergründen, die uns als Lehrkräften aufgefallen sind. Dies bildet die Grundlage des systemischen Arbeitens, das mehr und mehr auch in schulischen Arbeitsprozessen angewandt wird.

Kurz zusammengefasst:

 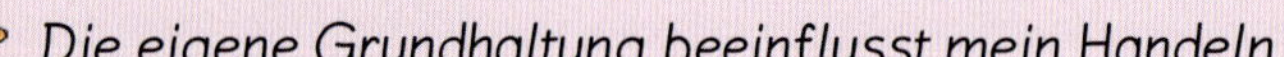 *Die eigene Grundhaltung beeinflusst mein Handeln.*

 *Jedes Verhalten hat für die ausführende Person einen Sinn bzw. Zweck, der sich ggf. hinter dem Verhalten versteckt.*

 *Im Arbeitsfeld Schule ist es hilfreich, diesen Zweck zu hinterfragen.*

 *Das Verhalten sollte den Eltern gegenüber wertfrei beschrieben werden.*

Welche inneren Haltungen führen zu guten Gesprächen?

Meine persönliche Haltung und Sichtweise auf eine Situation oder eine Problemstellung sowie meine Sicht auf die Eltern selbst beeinflussen den Verlauf eines Elterngesprächs erheblich.
Aus diesem Grund ist es wichtig, sich vorher bewusst zu machen, worauf der persönliche Fokus aktuell liegt. Wenn ich zum Beispiel gerade ein Fachbuch zum Thema „ADHS" gelesen habe, kann es sein, dass ich bei vielen Schulkindern die darin beschriebenen Verhaltensweisen feststelle. Das kann, muss aber nicht bedeuten, dass jede Schülerin / jeder Schüler auch wirklich eine solche Diagnose bekommen würde.
Es ist wichtig, sich bewusst zu machen, dass der eigene Fokus von dem beeinflusst wird, was einen gerade beschäftigt, da die innere Ausrichtung auch den Gesprächsverlauf beeinflussen kann.

In der Regel ist die Erwartung an ein Elterngespräch in der Schule, für den Schüler / die Schülerin eine entwicklungsförderliche Veränderung zu vereinbaren oder stabile förderliche Bedingungen wertzuschätzen und zu stärken.
Um für alle Beteiligten das Gespräch so gewinnbringend wie möglich zu gestalten, helfen eine wertschätzende Beziehungsgestaltung sowie die innere Haltung.

Wir nehmen Sie nachfolgend mit auf ein Gedankenexperiment. Sie als Lehrkraft sind Berufstaucherin/Berufstaucher und tauchen ab in die Lebenswelt der Eltern Ihrer Schülerinnen und Schüler. Warum das Ganze? Ein theoretischer Hintergrund ist an dieser Stelle notwendig. Bei der Idee des emotionalen Konstruktivismus geht es darum, dass die Gefühls- und Gedankenwelt einer Person höchst individuell ist, weil sich diese immer innerhalb einer Umgebung oder einer Interaktion mit anderen Menschen herausbildet. Damit hat sie in genau diesen Lebenskontexten ihre Berechtigung und führt darin zu einem bestenfalls erwünschten Ziel. Diese mitunter sehr stabilen Prägungen beeinflussen unser Handeln und die Reaktion auf unser Gegenüber meist unbewusst. Es lohnt sich, diesen Sachverhalt im Gespräch mit Eltern im Blick zu behalten und eine offene Haltung gegenüber der Lebenswelt des anderen zu bewahren. (vgl. Arnold 2019)

Ich lasse mich auf die Lebenswelt meiner Schülerin / meines Schülers ein und schaffe eine Verbindung.

Ich stelle mir vor, dass ich als Taucherin/Taucher in eine andere, mir fremde Welt eintauche. Ich nehme die Umgebung wahr, spüre leichten oder starken Wellengang und entdecke Dinge, die ich vorher noch nie gesehen habe und betrachte sie neugierig.
In Bezug auf Elterngespräche ist die fremde Welt die Lebenswirklichkeit meiner Schülerin / meines Schülers und ihrer/seiner Familie. Ich erschließe mir ein Stück dieser Wirklichkeit, um das Schulkind oder die Familie als Ganzes wahrzunehmen. Ich bin nicht Teil des Familiensystems, sondern nur Beobachtende/Beobachtender, die/der Impulse geben kann.

Ich respektiere die Lebenswelt meines Gegenübers und entwickele mit ihm gemeinsam Ideen für Veränderungen.

Mir ist bewusst, dass meine Welt anders ist und ich nur einen begrenzten Einblick in die fremde Welt erhalte. Mit verschiedenen Hilfsmitteln wie Schnorchel oder Sauerstoffflasche kann ich etwas mehr sehen, begreifen und verstehen.
Die Person unter Wasser hat sich optimal an die dort geltenden Lebensbedingungen angepasst. Das gilt auch für unsere Schulkinder. Diese handeln wie wir auch nach den in ihrer Lebenswelt geltenden Regeln, Werten und womöglich verborgenen Glaubenssätzen. Sie können völlig anders sein als unsere eigenen. Um es ganz plakativ zu veranschaulichen, hätten wir in Bezug auf Probleme gerne „Butter bei die Fische", also eine schnelle Klärung, während die Familie weiterhin „im Trüben fischen" möchte, weil der Leidensdruck nicht so hoch ist, wie wir vielleicht annehmen. Auch kulturelle Unterschiede können bedeutsam sein. Wichtig ist, sich diese bewusst zu machen und ggf. wertfrei darüber ins Gespräch zu kommen.
Veränderungen können von uns nur angeregt werden und müssen in die Lebenswelt der jeweiligen Familie passen. Anregungen sind als Vorschläge zu verstehen, die auch verändert oder abgelehnt werden dürfen.

Ich weiß nicht, was hilft. Ich kann nur Anregungen zur Selbsthilfe geben.

Unter Wasser entdecke ich, dass einige Fische im Kreis schwimmen. Halte ich nun meine Hand in das Wasser und gebe dadurch kleine Impulse, verändern die Fische ihre Schwimmrichtung. Tun sie das nicht, kommen bei mir Fragen auf.
Wann haben die Fische angefangen, im Kreis zu schwimmen? Wer oder was kann ihnen helfen, wieder mit dem Strom zu schwimmen? Bei genauerer Betrachtung fällt auf, dass möglicherweise eine Wasserpflanze den Fischen den Weg versperrt. Ein Ausweichen ist nur schwer möglich.
An diesem Beispiel wird deutlich, dass Probleme häufig komplexer sind, als wir erst annehmen. Für die Betroffenen stellen sich Probleme häufig so dar, dass sie auf den ersten Blick unlösbar sind. Nur durch Fragen komme ich an Informationen, die ich brauche, um gemeinsam mit den Eltern neue Ideen zu entwickeln und Anregungen zu geben. Dabei habe ich als Lehrkraft keinen Einfluss auf das Verhalten von anderen und kann nicht vorhersehen, in welchem Ausmaß Impulse eine Veränderung hervorrufen. Manchmal lösen sich Probleme wie von Zauberhand auch von selbst.

Vertrauensbasis und Beziehungsaufbau zu Eltern

Bei der Wahl der Kindestagesstätte gibt es vorab oftmals die Möglichkeit, die Einrichtung zu besichtigen und sich ein Bild zu machen. Solange die Eltern ihre Kinder während der Eingewöhnung begleiten, kann dieses Bild noch weiter vertieft werden. Obgleich eine freie Schulwahl besteht, können Schulen nur bedingt ausgesucht werden. Oft entscheidet vor allem der Wohnort, auf welche Grundschule wir unsere Kinder geben (müssen). Eine Eingewöhnung wie in der Kita, bei der die Kinder anfangs durch die Eltern begleitet werden, ist in der Schule nicht vorgesehen. Schule ist sozusagen eine „Blackbox". Im Gegensatz zur Kita, in der die Eltern die pädagogischen Fachkräfte bei der Arbeit kennenlernen können, ist ein Vertrauensvorschuss vonseiten der Eltern gegenüber den Lehrkräften nötig.

Schule lässt Eltern hingegen oftmals nicht die Wahl. Das Kind muss die Schule besuchen, da eine staatliche Schulpflicht besteht. Trotzdem möchten Eltern ihre Kinder gut aufgehoben wissen. Der Wunsch ist nur allzu verständlich. Wie schaffen wir es also, mit Eltern gut ins Gespräch zu kommen, im Gespräch zu bleiben oder einen Einblick in unsere Arbeit zu geben?

Was wollen Eltern eigentlich?

Small Talk beim Bringen und Abholen wirkt in Kindertagesstätten als vertrauensbildende Maßnahme. Und die Kommunikation verläuft häufiger direkt zwischen Erzieherinnen/Erziehern und Eltern. Was in Kindertagesstätten meist gut klappt, funktioniert in Schule oft nicht mehr.
Große Hinweisschilder im Schuleingangsbereich von Grundschulen signalisieren Eltern, dass es ihr Kind ab hier „alleine in die Klasse schafft". Das sinnvolle Ziel ist die Förderung der Selbstständigkeit. Eine vertrauensvolle Beziehung zu den Eltern aufzubauen, wäre jedoch beinahe ein Selbstläufer, würde man hier und da das Gespräch mit dem ein oder anderen Elternteil am Morgen oder Mittag suchen.
Denn welchen implizierten Wunsch haben alle Eltern, die ihr Kind einer nahezu fremden Person, in unserem Fall einer Lehrkraft, anvertrauen?

Eltern möchten, dass ihr Kind gut aufgehoben ist, es sich wohlfühlt und gut mit ihm umgegangen wird. Sie möchten schlichtweg, dass es ihrem Kind gut geht.

Wie schaffen wir es also, Eltern mögliche Sorgen zu nehmen?

Wie kann ich eine Vertrauensbasis aufbauen und eine tragfähige Beziehung knüpfen?

Nahbar werden

Schaffen Sie Vertrauen, indem Sie sich öffnen.

Sie erfahren im Laufe der Schulzeit so viel Persönliches von den Kindern und deren Familien, geben Sie im Gegenzug auch etwas von sich preis.

Überlegen Sie, was Sie von sich mitteilen möchten und was lieber nicht.

Transparenz schaffen

Stellen Sie sich und Ihre Unterrichtsinhalte und pädagogischen Ansätze im Vorfeld auch als Fachlehrkraft vor.

Geben Sie persönliche Ideen und Vorstellungen bekannt.

Nutzen Sie leichte und verständliche Formulierungen.

Der gute Moment

Eltern hören gerne positive Anekdoten oder kleine Erfolgsgeschichten über ihr Kind: Teilen Sie diese. Bei den Eltern bleibt in Erinnerung, dass Sie ihr Kind auf eine positive Weise gut im Blick haben.

Authentisch sein

Fehler passieren im Alltag. Schaffen Sie eine positive Fehlerkultur.

Wenn Ihnen Fehler unterlaufen, entschuldigen Sie sich aufrichtig bei Schulkindern und/oder Eltern.

Achtsame Sprache

Achtsame Sprache ist generell wichtig. Sie nimmt Rücksicht auf die Gefühle des Gegenübers. Wörter wie „müssen“ oder „sollen“ erzeugen fremdbestimmten Handlungsdruck und führen ggf. zu innerer Auflehnung oder Widerständen.

Vorsicht mit dem Wort „aber“, es relativiert die vorher getätigte positive Aussage, z. B.: *„Max kann gut Kopfrechnen, aber er meldet sich wenig.“* Alles, was vor dem Aber kommt, wird nicht gehört bzw. bleibt nicht im Kopf. Der Fokus liegt also auf der negativen Zuschreibung.

Zuhören

Geben Sie den Eltern Raum, sich mitzuteilen, und hören Sie aufmerksam zu.
Fassen Sie ggf. Gehörtes zusammen und fragen Sie nach, ob Sie alles richtig verstanden haben. Seien Sie aufrichtig interessiert.

Mutig und initiativ Themen ansprechen

Sie haben das Gefühl, dass sich Eltern über etwas ärgern, es aber nicht ansprechen? Übernehmen Sie die Initiative. Sprechen Sie es stattdessen an. Unterschwellige Konflikte können das Vertrauensverhältnis zueinander negativ beeinflussen.

Eigene Stärken

Kennen Sie Ihre eigenen Stärken? Vertrauen Sie auf Ihre Kompetenzen.
Greifen Sie vor allem in schwierigen Gesprächen darauf zurück. Wenn Sie Ihre Stärken im Blick haben, können Sie auch Stärken anderer wahrnehmen.

Schwächen und Grenzen kennen

Kennen Sie Ihre Schwachstellen und Triggerpunkte?
Gehen Sie, wenn möglich, souverän mit Ihren Fehlern und Schwächen um. Haben Sie ggf. humorvolle Antworten parat, dann bleiben Sie im Gespräch sachlich und handlungsfähig.

Grenzen setzen

Es wird Momente geben, in denen Sie an Ihre Grenzen kommen. Das kann verschiedene Gründe haben:

- Sie kommen bei psychologischen oder physiologischen Diagnosen der Kinder an Ihre Grenzen.
- Die „Chemie stimmt nicht“.
- Eltern wollen oder können nicht kooperieren.
- Es gibt Sprachbarrieren.
- Es gibt Umstände des Schulsystems, die Sie nicht ändern können.
- Sie erleben etwas Unverarbeitetes aus Ihrer eigenen Vergangenheit und sind befangen.
- Sie sind mit der geschilderten oder erlebten Situation überfordert.

Nehmen Sie die Grenze wahr, formulieren Sie sie und holen sich Hilfe oder bieten Sie diese ihrem Gegenüber an (s. S. 42 ff.).

Weitere Möglichkeiten, Vertrauen aufzubauen

Seien Sie möglichst respektvoll, höflich und loyal. Immer und zu jeder Zeit.
Sprechen Sie im Beisein von Eltern positiv über Kolleginnen/Kollegen, andere Eltern und Schulkinder. Wenn Sie Negatives über andere sagen, könnten Eltern annehmen, dass auch über sie so gesprochen wird, sobald sie den Raum verlassen haben.
Wer mit einem positiven Gefühl geht, kommt beim nächsten Mal auch in einer positiven Stimmung wieder.

Hilfreiche Leitsätze für die Kooperation mit Eltern

Wir haben einige für Elterngespräche dienliche Leitsätze zusammengetragen. Diese können für Ihren schulischen Alltag stimmig sein, müssen es aber nicht. Suchen Sie sich die Leitsätze heraus, die zu Ihnen und Ihrem Schulalltag passen.
Gerne dürfen Sie hier eigene Leitsätze, die Ihnen in der Vergangenheit dienlich waren oder zukünftig dienlich sein sollen, ergänzen.

- Auch wenn wir als Lehrkraft auf einen gewissen Erfahrungsschatz zurückgreifen können, sind wir keine Hellseherinnen/Hellseher. Entwicklung ist jederzeit möglich – Stillstand ggf. auch!
- Wir können als Lehrkräfte Eltern nicht vorschreiben, wie sie ihr Kind zu Hause erziehen sollen, wir können nur Anregungen für Veränderungen geben.
- Schuldzuweisungen schließen Türen. Eine Veränderung ist dann oft nicht mehr möglich.
- Krisen, auch Krisengespräche, sind stets als Chancen zu verstehen.
- Wer fragt, der führt das Gespräch und ist an einem Informationsaustausch interessiert.
- Kritik an den Kindern ist immer auch eine Kritik an den Eltern selbst.
- Nur wenn ich gut für mich sorge, kann ich mich auch gut um andere kümmern (Selbstfürsorge).
- Ich kann niemanden zu bestimmten Handlungsweisen oder zur Kooperation zwingen.
- Kinder verhalten sich im schulischen Umfeld mitunter (völlig) anders als zu Hause. Das kann dazu führen, dass sich die Erfahrungen der Eltern mit dem Kind deutlich von denen der Lehrkraft unterscheiden. Es ist daher hilfreich, davon auszugehen, dass es „eher normal" ist, dass Eltern ihr Kind anders sehen als wir Lehrkräfte. Wichtig ist daher, sich selbst und die Eltern für unterschiedliches Verhalten in unterschiedlichen Kontexten zu sensibilisieren.
- Wir haben die Stärken und Ressourcen im Blick anstatt der Schwächen und Fehler.
- ....
  ....
- ....
  ....
- ....
  ....

Vorbereitung eines Elterngesprächs

Wie sieht eine effektive Vorbereitung auf Elterngespräche aus?

Zeitmanagement

Lehrkräfte sehen sich mit vielfältigen Aufgaben und zunehmender Bürokratie konfrontiert. Burn-out ist im Lehrberuf eine häufige und sehr ernst zu nehmende Erkrankung. Gerade als Klassenlehrkraft mit voller Stundenzahl weiß man oft nicht mehr, wo einem überhaupt der Kopf steht. Viele Lehrkräfte arbeiten bewusst in Teilzeit, um weiterhin einen guten Job machen zu können. Zeit für eine gute Zusammenarbeit mit Eltern fällt dabei meist hintenüber. Sehr verständlich – stehen doch das Kind und der Unterricht im Fokus.
Dennoch sollten wir uns die Frage stellen, wie viel Zeit ein Austausch mit Eltern in unserem Schulalltag braucht.
Rechtlich gesehen sind meist ein Elternabend und ein oder zwei Elternsprechtage oder Lernentwicklungsgespräche pro Schulhalbjahr vorgesehen. Die weitere Ausgestaltung obliegt mehr oder weniger jeder/jedem selbst, wenn nicht im jeweiligen Schulkonzept noch etwas dazu steht.

Es gibt wahrscheinlich kaum eine Lehrkraft, die nur zu den oben genannten Terminen Kontakt zu den Eltern pflegt.

Wie viel Kontakt nötig ist, hängt von verschiedenen Faktoren ab:

- Begleite ich den Übergang von der Kindertagesstätte in die Schule, weil ich eine erste Klasse übernommen habe?
- Kenne ich die Eltern bereits gut, weil meine Schülerinnen und Schüler bereits in der dritten Klasse sind?
- Arbeite ich an einer „Brennpunktschule" mit hohem Konfliktpotenzial und Beratungsbedarf?
- Muss ich bei der Kooperation mit Eltern unterschiedliche sprachliche Barrieren berücksichtigen?

Unabhängig davon muss ich mir selbst in Abhängigkeit von meiner individuellen Lebenssituation die Frage stellen, wie viel Raum ich Eltern und Elterngesprächen geben möchte und kann.

Schaffen Sie sich Strukturen für die Kommunikation mit Eltern im Schulalltag. Mithilfe fester und für Sie machbarer Rituale behalten Sie die Elternkommunikation im Blick, bleiben somit für die Eltern erreichbar und schaffen eine verlässliche Grundlage für eine vertrauensvolle Lehrkraft-Eltern-Beziehung.
Vielleicht lässt sich ein fester Tag in der Woche für die Kommunikation mit Eltern reservieren. Das hätte den Vorteil, dass nicht immer wieder neu ein Platz im Terminkalender dafür geschaffen werden muss. Und wenn kein Gesprächsbedarf besteht, haben Sie früher Feierabend oder können die Zeit für andere Dinge nutzen, die noch darauf warten, erledigt zu werden.

Beispiele für die Organisation der Kommunikation mit Eltern (s. S. 54 ff.):

- Newsletter
- Elternnachmittage
- feste Sprechzeiten im Laufe der Woche
- frühzeitige Dokumentation des Lern-/Leistungsstandes und Verhaltensbeobachtungen als Spickzettel für Elterngespräche

- Rückmelderituale von Fachlehrkräften (Onlinedokumente)
- Diensthandy oder Herausgabe der Privatnummer?
- feste/transparente Erreichbarkeit
- Schul-E-Mail-Adresse

Zielsetzung

Eine klare Zielformulierung ist das A und O der guten Vorbereitung. Ohne Ziel haben wir keine klare Richtung, laufen Gefahr, uns in dem Gespräch zu verlieren und können weitaus weniger souverän wirken. Auch eine mögliche Kritik, die ggf. an uns herangetragen wird, perlt nicht so leicht an uns ab.

Überlegen Sie sich daher am besten im Vorfeld, welches Ziel das Elterngespräch haben soll. Die Frage „Was will ich wirklich?" kann dabei helfen. Entweder treten die Eltern mit einem Anliegen an mich heran oder ich habe ein Anliegen, das ich mit den Eltern besprechen möchte und im Sinne der Transparenz vorher mitgeteilt habe.
Es ist also wichtig, vorrangig an *einem* Thema *gemeinsam* zu arbeiten.

In Anlehnung an die „Anliegenmethode" aus der Traumatherapie ist es möglich, ein Thema zu benennen, das heute Gegenstand des Gesprächs sein soll. Zu diesem Zweck wird das Thema auf einem Zettel visualisiert. Es schließt sich ein gemeinsames Brainstorming dazu an. Die drei wichtigsten Begriffe werden anschließend herausgesucht, z. B. Antworten auf die Frage „Was ist gerade zu dem Thema am wichtigsten?". Mit dieser neuen Zielsetzung wird dann weitergearbeitet. Es kann hilfreich sein, einen gemeinsamen Konsens zu einem Thema zu finden. Zudem kann verhindert werden, weitere Nebenschauplätze zu eröffnen.

Es gibt dabei auch eine Reihe von Zielen, die Eltern und Lehrkräfte gemeinsam haben. Welche gemeinsamen Ziele fallen Ihnen spontan ein?

Aufgabe: Unsere Ziele

Sammeln Sie Ziele, die Lehrkraft und Eltern gemeinsam haben.

Mögliche Lösungen:

- [ ] das Wohl des Kindes
- [ ] eine gute Schullaufbahn
- [ ] eine möglichst konfliktfreie Schulzeit
- [ ] Persönlichkeitsentwicklung
- [ ] eine positive Begleitung
- [ ] soziale Anerkennung
- [ ] gutes Miteinanderauskommen
- [ ] ....
- [ ] ....

Rahmenbedingungen

Für ein gutes Gespräch sind einige Rahmenbedingungen wichtig, über die wir uns im Vorfeld Gedanken machen sollten:

Zeit

- Wann treffe ich die Eltern? Treffe ich sie zu einer Uhrzeit, die für uns alle passt, oder erwarte ich, dass die Mutter / der Vater für das Gespräch früher Feierabend macht?
- Welchen zeitlichen Umfang plane ich ein? Muss ich gleich wieder in den Unterricht oder habe ich ausreichend Zeit, um das Anliegen der Eltern oder mein eigenes zu besprechen?

Der zeitliche Rahmen sollte je nach Gesprächsanlass gewählt werden. In der Regel sind 30 Minuten eine gute Orientierung.
Prüfen Sie vorher Ihre voraussichtliche Stimmung und Gefühlslage. Wenn Sie vorher unter Zeitdruck stehen oder gerade aufgewühlt sind, weil Sie beispielweise zwischen Schulkindern in der vorangegangenen Pausenaufsicht einen Konflikt klären sollten, überträgt sich diese Stimmung auf das Gespräch mit den Eltern – was dann wiederum dazu führen kann, dass ein Ergebnis entsteht, das Sie gar nicht beabsichtigt hatten.
Sorgen Sie deswegen unbedingt dafür, dass Sie möglichst ruhig und entspannt in ein Elterngespräch gehen. Planen Sie ggf. vorher eine kleine Pause ein.

Raum

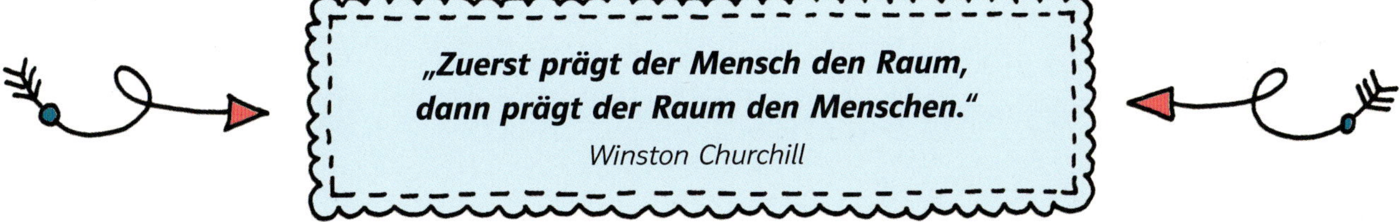

Im Schullalltag wird meist der Raum gewählt, der gerade frei ist. Das können ganz unterschiedliche Räume mit unterschiedlichen Funktionen sein: der Klassenraum der Schulkinder, der Konferenzraum, der Gruppenraum einer Klasse, die Schulbibliothek, der Klassenraum einer anderen Klasse oder gar ein Fachraum. In den wenigsten Fällen wird es wohl aufgrund von Raumnot in der Schule einen Besprechungsraum extra für Elterngespräche geben.
Dennoch spielt die Atmosphäre eines Raumes eine große Rolle. Sie wird mit all unseren Sinnen bewusst oder unbewusst wahrgenommen und hinterlässt ein Gefühl, das auf unser Gespräch mit den Eltern einen Einfluss hat.

Stellen Sie sich vor, Sie sind ein Elternteil, werden in die Schule zu einem Gespräch eingeladen, um über die Lernschwierigkeiten Ihres Kindes zu sprechen. Das Gespräch findet in einer dunklen und eher vernachlässigten Schulbibliothek an einem zu niedrigen Tisch mit harten Kinderstühlen und *einem* gepolsterten Schreibtischdrehstuhl statt. Was glauben Sie, welchen Eindruck hinterlässt dieser Raum bei Ihnen?

Und nun stellen Sie sich zum Vergleich einen hellen, freundlichen Besprechungsraum vor, mit einem runden Tisch, angenehmen Stühlen, ggf. einem Flipchart oder Whiteboard und der Möglichkeit, Wasser anbieten zu können. Vielleicht sind in diesem Raum noch Flyer für weiterführende Hilfen zu finden und gängige schulische Formulare oder Protokollvorlagen.

Was empfinden Sie nun?

- Welchen Raum wähle ich? Ist der Konferenzraum frei oder nur ein selten genutzter Abstellraum?
- Welche Stühle habe ich zur Verfügung? Sitzen alle auf demselben Modell oder sitze ich auf einem gemütlichen Bürostuhl mit Lehnen, die Eltern aber auf zu kleinen Schülerstühlen?

Einladung formulieren

Wie möchten Sie gern zu einem Elterngespräch eingeladen werden?
Über das Infoheft Ihres Kindes?
Lieber per Anruf?
Oder per förmlichem Brief mit Schulstempel?
Je nach Anlass macht eine dieser Vorgehensweisen Sinn.

Ausgehend von einer vertrauensvollen Zusammenarbeit macht in jedem Fall ein Anruf im Vorfeld immer Sinn, wenn es um unangenehme Themen geht. Die Eltern haben so gleich die Möglichkeit, Rückfragen zum Gespräch zu stellen, oder es können terminliche Unpässlichkeiten direkt geklärt werden. Beachten Sie dabei, zu welchen Zeiten die Eltern prinzipiell gut zu erreichen sind oder fragen Sie nach, ob es gerade passt.

Ich möchte Sie gerne zu einem Förderplangespräch einladen. Passt es gerade und können wir einen Termin ausmachen oder soll ich zu einem anderen Zeitpunkt noch einmal anrufen?

Die Gedanken, die Sie sich im Vorfeld gemacht haben, finden sich in Kurzform am besten auch auf der Einladung wieder:

- Welches **Ziel** verfolge ich mit dem Gespräch?
- Was soll im Gespräch **Thema** sein und besprochen werden?
- **Wer nimmt** daran **teil**? (z.B. Fachlehrkräfte, pädagogische Mitarbeitende, Vertrauenslehrkraft, Schulleitung, Lerntherapeutin/-therapeut, Dolmetscherin/Dolmetscher)
- Welche **Gesprächsform** ist dafür geeignet?
- **Wann** passt es zeitlich für möglichst alle Beteiligten?
- **Welcher Raum** ist geeignet bzw. verfügbar?
- **Wie lange** soll das Gespräch dauern?
- **Welche Informationen oder Dokumente/Materialien** sollen möglichst mitgebracht werden?
- **Wo** können sich die Eltern **bei Rückfragen und/oder Terminschwierigkeiten melden**?

Wenn Sie die Einladung ausgesprochen bzw. versendet haben, dann denken Sie auch an interne Prozesse, die Sie beachten müssen:

- Wem muss ich melden, dass ich länger im Schulgebäude bleibe?
- In welchem System muss ich ggf. den Raum buchen oder einen Zettel an die Tür hängen?
- Benötige ich einen zusätzlichen Schlüssel?
- Gibt es noch weitere Absprachen in der Schule?
- Wen muss ich noch anrufen und informieren?

Woran muss ich bei der Planung eines Elterngesprächs auf jeden Fall denken?

Nutzen Sie zur Vorbereitung die folgende Checkliste:

- **Was** möchte ich mitteilen?
- Welche **Informationen** habe ich?
- Welche Informationen brauche ich ggf. noch?
- Kümmern Sie sich im Vorfeld um einen freien **Raum** und reservieren Sie ihn für das Gespräch.
- Überlegen Sie genau, mit welcher **Haltung** Sie in das Gespräch gehen wollen. Eine empathische Grundhaltung kann helfen, mögliche Mauern gar nicht erst entstehen zu lassen.
- Wenn Sie die Eltern einladen, teilen Sie den Grund für das Gespräch mit. Sowohl Sie als auch die Eltern haben dann die Möglichkeit, sich auf den Termin vorzubereiten (s. S. 32).
- Um weiter auf der **Beziehungsebene** zu bleiben, rufen Sie möglichst vorher an, auch bei unangenehmen Themen. Dann machen Sie deutlich, dass Ihnen trotz aller Förmlichkeiten der persönliche Kontakt wichtig ist.

Gesprächsführung

Sprechen wir dieselbe Sprache?

Wenn zwei Menschen aufeinandertreffen, dann kommt es unweigerlich zu Kommunikation und sehr häufig zur Verwendung von verbaler Sprache. Das ist ein natürlicher Prozess. In der Regel haben wir im Kleinkindalter erlebt, wie unser vertrautes Umfeld den Dingen einen Namen gibt und Sprache verwendet. Wir haben angefangen, diese Wörter in ähnlicher Weise nachzuahmen, später zu sprechen und für verschiedene Kontexte/Lebenssituationen einen Wortschatz in einer oder mehreren Sprachen aufzubauen. Ganz oft hatte das ein oder andere Ding anfangs noch den falschen Namen. Beim Sprachaufbau werden wir besonders durch die Beziehungen zu unseren Bezugspersonen, zu unserer Umwelt und durch unsere Emotionen geprägt. Das bedeutet, dass wir uns Sprache sehr individuell und in Abhängigkeit von unserem persönlichen Umfeld angeeignet haben.
Die Motivation, Sprache zu lernen, ist hoch, denn mit ihr können wir einiges bewirken, wie z. B. Bedürfnisse äußern, Wissen mitteilen, diskutieren, fantasieren, schimpfen, Gefühle ausdrücken usw. Je nach Interesse oder Veranlagung gelingt uns das mehr oder weniger erfolgreich. Im Laufe unseres Lebens haben wir unsere Sprache und das Sprechen so ausgebaut, an unser Umfeld angepasst und automatisiert, dass wir kaum noch darüber nachdenken müssen, welche Worte wir nutzen wollen oder welche Bedeutung sie haben. Wir denken auch in unserer Muttersprache oder in der Sprache, die wir am besten beherrschen. Erst wenn wir eine Fremdsprache neu erlernen oder Fachsprache kennenlernen, greifen wir erneut auf Aneignungsstrategien zurück.
Sprachaneignung ist somit ein sehr individueller Prozess. Und auch wenn Schulkinder in einer Klasse sind, in der alle dieselbe Muttersprache gelernt haben, kann es sein, dass ein „Ding" unterschiedlich benannt wird. Beispielsweise heißt das Behältnis für verschiedene Schreibutensilien bei dem einen „das Etui" und bei den anderen „die Federmappe".

„Tobias, was hatten wir denn gestern auf?", fragt die Lehrerin. Tobias überlegt kurz und sagt dann: *„Sie gar nichts und ich eine Baseballkappe."*

Auch häufig gebrauchte Formulierungen im familiären Miteinander können unterschiedlich ausgelegt werden. Der Satz „Ich komme gleich!" bedeutet für die Mama: „Ich bin in wenigen Minuten bei dir!" – und für den Papa: „Ich komme in einer Viertelstunde oder später." Je nach Alter legt das Kind das Wort „gleich" noch mal ganz anders aus. Hier kann es bereits im selben Haushalt zu Missverständnissen kommen. Wenn es nicht gelingt, diese zu klären und ggf. für die jeweilige Situation oder Gruppe den Begriff „gleich" einheitlich zu definieren, kann es zu negativen Gefühlen und weiteren Schwierigkeiten kommen.
Damit hat unsere Sprache eine nicht zu vernachlässigende Wirkung bei unserem Gegenüber und hinterlässt sowohl bei ihm als auch bei uns Gefühle, Erinnerungen und oft auch Erwartungen. Man erinnert sich lieber an Elterngespräche, die von einer freundlichen Stimmung geprägt waren, in der Sachverhalte leicht angesprochen werden konnten und man das Gefühl hatte, das eigene Anliegen wurde von den Eltern verstanden. Doch gar nicht so selten kommt es vor, dass Missverständnisse entstehen, weil man geglaubt hat, dass man seinem Gegenüber seine Botschaft verständlich mitgeteilt hat, sich aber am Ende herausstellt, dass er oder sie etwas ganz anderes verstanden hat. Das kann z. B. passieren, wenn Zuständigkeiten nicht klar genug formuliert worden sind.

> *Rufen die Eltern bei der Schulbegleitung an oder sollten wir das übernehmen?*

Ich kann mir also nie ganz sicher sein, was der oder die andere wirklich meint, weil jede am Gespräch beteiligte Person mit ihrer ganz persönlichen Erfahrungswelt an diesem Gespräch teilnimmt (vgl. De Shazer, 2010, S. 43).
Auch wenn wir beispielsweise die deutsche Sprache für unser Elterngespräch nutzen, sprechen wir nicht ein und dieselbe Sprache. Wir bedienen uns eines gleichen oder ähnlichen Wortschatzes, der aber für jede Person aufgrund der sehr individuellen Sprachaneignung eine etwas andere Bedeutung haben kann. Und erst im Dialog, also im Gespräch miteinander, kann eine gemeinsame Idee entwickelt oder geklärt werden, ob eine Mitteilung von allen Beteiligten möglichst so verstanden wurde, wie sie ursprünglich gedacht war.

Kurz zusammengefasst:

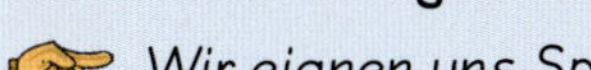

- *Wir eignen uns Sprache individuell an.*

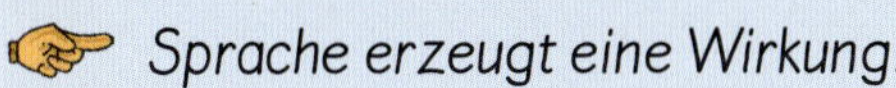

- *Sprache erzeugt eine Wirkung.*

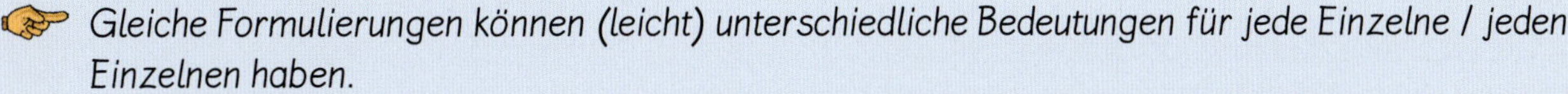

- *Gleiche Formulierungen können (leicht) unterschiedliche Bedeutungen für jede Einzelne / jeden Einzelnen haben.*
- *Im Dialog wird ein gemeinsames Verständnis der verwendeten Sprache erarbeitet.*

Wie es gelingen kann, Bedeutungen zu klären, neue Informationen zu generieren, Sichtweisen zu verändern, Missverständnisse aufzuklären oder ein gemeinsames Verständnis zu entwickeln, soll im Folgenden beleuchtet werden.

Welche Gefühle und welche Haltung habe ich vor dem Gespräch?

Die eigene Haltung kann für den Gesprächsverlauf ganz entscheidend sein.
Stehe ich den Eltern skeptisch gegenüber?
Zweifle ich an der Erziehungskompetenz?
Habe ich bereits Vorerfahrungen mit den Eltern gemacht und uns in der Vergangenheit nicht als funktionierendes Team erlebt?
Sind Sie mir sympathisch oder sind sie es nicht?
Machen Sie sich diese Fragen bewusst und versuchen Sie, mit einer Haltung in das Gespräch zu gehen, die von Offenheit und Neugier geprägt ist.

Vielleicht sind Ihnen im Schulalltag schon Eltern begegnet, bei denen Sie das Gefühl hatten, dass die Bemühungen nicht ausreichend sind.
Einige alltägliche Beispiele:

- Sie rufen mehrfach bei den Eltern an, trotzdem fehlt ständig dringend benötigtes Schulmaterial.
- Der Vater hat das neueste Handy, der Sohn kommt im Winter nur im Pullover zur Schule, die Winterjacke fehlt.

Unsere eigenen Vorstellungen in Bezug auf Elternschaft und unsere Bewertungen führen dazu, dass Mauern bzw. Vorurteile entstehen, die während des Gesprächs nicht so leicht zu überwinden sind (s. S. 24).

Eltern können sich während des Gesprächs unwohl fühlen, da sie ein Machtgefälle vermuten. Möglicherweise trauen sie sich daher nicht, offen zu sprechen (s. S. 27). Äußern Sie die Gefühle, die Sie bei den Eltern wahrnehmen.

> *Ich habe das Gefühl, dass Sie Bedenken haben, offen zu sprechen.*

Geht man eine neue Liebesbeziehung ein, die Bestand haben soll, schenkt man dem Partner / der Partnerin im besten Fall einen **Vertrauensvorschuss**. Das lässt sich auch auf die Lehrkraft-Eltern-Beziehung übertragen.

Natürlich gibt es auch Fälle, in denen Eltern sehr belastet sind und externe Hilfe erforderlich wird. Das Annehmen von Hilfe muss aber immer freiwillig stattfinden, es sei denn, es liegt im Sinne von § 8a SGB VIII eine Kindeswohlgefährdung vor.

Da in den Gesprächen immer das Wohl des Kindes im Vordergrund steht, lohnt es sich, egal was vorher war, möglichst vorurteilsfrei und offen in ein Gespräch zu gehen, damit die bestmögliche Zusammenarbeit im Sinne des Kindes stattfinden kann.

> *Die **Grundannahme** sollte immer sein, dass alle Eltern versuchen, ihrem Kind die bestmöglichen Eltern zu sein, d. h. eben so, wie es ihnen möglich ist.*

Soll das Gespräch mit dem Kind oder ohne das Kind stattfinden?

Wenn das Verhältnis zu den Eltern bereits konfliktbelastet ist, sollten Schulkinder besser nicht teilnehmen, da sie sonst schnell zwischen die Fronten geraten könnten. Das kann Kinder in eine unangenehme Lage bringen, denn in der Regel mögen sie sowohl ihre Eltern als auch ihre pädagogischen Betreuungspersonen.

Fällt die Entscheidung gegen die Teilnahme des Kindes, kann es bei Bedarf als „Abwesende/Abwesender" befragt werden:

> *Was würde Paul dazu sagen, wenn ...?*
> *Wie würde Paul reagieren, wenn ...?*

Dadurch wird zum einen die Perspektive des abwesenden Kindes indirekt berücksichtigt. Zum anderen erfährt man durch die Antwort etwas über der Erwartungshaltung. Mit dieser Information kann man im Gespräch weiterarbeiten.

Wenn es um das Zeugnis oder um kleinere Vorfälle geht, ist es durchaus sinnvoll, das Kind, um das es ja schließlich geht, am Gespräch teilnehmen zu lassen.

- Das Kind kann sich aktiv an der Lösungsfindung beteiligen.
- Je älter es ist, desto mehr kann es Verantwortung für sich selbst übernehmen.
- Es merkt, dass es den Erwachsenen wichtig ist und sie sich Gedanken machen.
- Fragen Sie sich vorher, was bei der Beteiligung des Kindes am ehesten schiefgehen könnte und wie das umgangen werden kann.

Was sollte beachtet werden, wenn das Kind dabei ist:

- Passen Sie die Gesprächslänge an das Alter des Kindes an. 45 Minuten sollten nicht überschritten werden.
- Sprechen Sie mit dem Kind (nicht über es) und beziehen Sie es aktiv in das Gespräch mit ein.
- Die Sprache sollte für das Kind leicht verständlich sein.
- Das Thema muss altersangemessen präsentiert werden.
- Es sollten keine Nebenschauplätze besprochen werden, die für das Kind unangenehm sein könnten.

(vgl. Ahl 2019, S. 99 ff.)

Wie beginne ich ein Gespräch?

Beginnen Sie ein Gespräch am besten mit unverfänglichem Small Talk. Die Familie hat so die Gelegenheit, erst einmal anzukommen, und Sie knüpfen ganz nebenbei bereits ein zartes Band zu den Eltern.
Schätzen Sie wert, dass sich Ihr Gegenüber Zeit für das Gespräch genommen hat.

Danke, dass Sie sich Zeit genommen haben. Ich kann mir vorstellen, dass Sie gerade viel um die Ohren haben.

Stellen Sie zusätzlich anwesende Personen vor.
Bieten Sie ggf. ein Glas Wasser oder Kaffee/Tee an.

Wie formuliere ich ein Ziel oder eine Erwartung an das Gespräch?

Im besten Fall haben Sie das Verhalten des Kindes vorher mehrfach zu unterschiedlichen Zeiten und ggf. in unterschiedlichen Situationen beobachtet. Möglicherweise haben Kolleginnen und Kollegen ähnliche **Beobachtungen oder Erfahrungen** gemacht. Mit Sicherheit haben Sie schon versucht, die Situation für das Kind zu verbessern. Sammeln sie Ihre **Notizen** zu diesen Punkten.
Beschreiben Sie die Ausgangslage möglichst **wertfrei** und so, dass die Eltern den Sachverhalt nachvollziehen können.

Es ist wichtig, dass nur auf ***ein* Ziel** eingegangen wird und es in dem Gespräch auch erst mal nur um das eine Ziel geht. Sollten noch weitere Thematiken wichtig werden, ist zu prüfen, ob diese mit dem „Hauptproblem" in Verbindung stehen oder ob dieses Thema einen anderen Bereich betrifft und besser in einem anderen Gespräch bearbeitet werden sollte.

Geben Sie den Eltern die Möglichkeit, ihre Sicht der Dinge zu schildern (**Elternperspektive**).

Beobachten Sie das auch in ihrem Alltag / zu Hause?
Wie regeln Sie das zu Hause?

Eltern können Zielvereinbarungen besser annehmen, wenn Sie sie in ihre eigene Sprache übersetzen bzw. mit ihren eigenen Worten formulieren. Das Ziel sollte in den Lebensalltag der Familie passen.

Haben Sie bereits Erfahrung mit dem Thema oder wollen sie sich erst selbst informieren?

Machen Sie den Eltern deutlich, dass ein Erreichen des Zieles ohne sie nur schwer möglich wird.
Beispiele für eine solche Zielformulierung:

*Heute geht es darum, wie **wir** es schaffen können, dass Paul regelmäßig seine Sportsachen mitbringt, damit er am Sportunterricht teilnehmen kann, den er so liebt.*

*Ich möchte gern **mit Ihnen gemeinsam** überlegen, wie es uns gelingen kann, dass Max mit Vertretungsstunden oder anderen Tagesplanänderungen gelassen umgehen kann.*

Wir haben festgestellt, dass sich Lisa mit immer mehr Mädchen aus der Klasse streitet. Wir haben bereits viele Gespräche mit ihr geführt, sie in Spielphasen begleitet oder mit ihr und anderen Kindern gemeinsam gespielt. Leider haben diese Maßnahmen bisher nicht nachhaltig zur Verbesserung von Lisas Situation geführt. Deswegen möchten wir gern ***mit Ihnen gemeinsam*** *überlegen, was Lisa helfen kann, wieder positive Erfahrungen mit den Mädchen ihrer Klasse zu sammeln.*

Mir ist aufgefallen, dass es Martha schwerfällt, sich länger als fünf Minuten auf eine Aufgabe zu konzentrieren. Sie wirkt im Unterricht häufig verträumt und bringt angefangene Tätigkeiten nicht zu Ende. Ich mache mir Sorgen, dass Martha im Unterricht nicht mehr mitkommt. Deswegen möchte ich gern mit Ihnen besprechen, wie Sie Martha im Alltag erleben und was sie ***von uns*** *bräuchte, um sich im Unterricht für die Mathe- und Deutschaufgaben zu interessieren.*

Was mache ich, wenn alles glatt läuft?

Ja, es gibt auch Elterngespräche, in denen alles glatt läuft. Freuen Sie sich, vielleicht ist hier schon ein solides Band zwischen Ihnen und den Eltern vorhanden.
Um die Beziehungsebene weiterhin zu festigen, können Sie Folgendes machen:

Seien Sie neugierig und offen für die Perspektive der Eltern.
Fassen Sie während des Gesprächs das Wesentliche immer wieder zusammen:

Ich möchte sichergehen, dass ich Sie bis hierhin richtig verstanden habe: ..."

Auf diese Weise geben Sie den Eltern die Gewissheit, richtig verstanden worden zu sein. Durch diese Zusammenfassung spiegeln Sie Ihr Gegenüber. Das kann dazu beitragen, dass sich Eltern **auf emotionaler Ebene verstanden** fühlen.
Wertschätzen Sie die gute Zusammenarbeit zum Wohle des Kindes und bieten Sie an, auch für andere Themen in Kontakt zu bleiben.
Knüpfen Sie an die **Erfolge** an und überlegen Sie gemeinsam mit den Eltern, was in naher Zukunft für ihren Sprössling wichtig wird / werden könnte (z. B. Wechsel an die weiterführende Schule, Schulveranstaltungen, Unterrichtsgänge, Klassenfahrten, Vergleichsarbeiten, Lehrerinnen-/Lehrerwechsel).

Woran erkenne ich eine gute Lösung/Vereinbarung?

Gute Lösungen oder Vereinbarungen sind durch objektive Entscheidungskriterien überprüfbar. Stellen Sie sich folgende Fragen:

- Was soll erreicht werden?
- Ist die Lösung für beide Seiten praktikabel?
- Lässt sich die Lösung im Alltag umsetzen?
- Woran erkenne ich, dass die Lösung den gewünschten Erfolg bringt?
- Welcher Zeitraum macht Sinn?

Ist eine stimmige Lösung gefunden, sollte diese als Vereinbarung auch schriftlich festgehalten werden. Hierbei sollten wie z. B. bei Klassenregeln auch, **positive Formulierungen** statt Verneinungen gewählt werden. Auf diese Weise können vor dem inneren Auge Bilder entstehen, was zukünftig passieren soll.

Auch Optionen der Eltern sollten angenommen und durchgespielt werden. Hier kann dann ggf. nachgebessert werden.
„Experimente“, im Sinne von kreativem und unverbindlichem Ausprobieren, klappen in der Regel besser als festgelegte, verbindliche und schriftlich fixierte Vereinbarungen. Probieren Sie es einmal aus. Bieten Sie einen ersten Schritt im Tempo der Eltern an.
Für Sie ist vielleicht das Ziel, dass Max in den nächsten vier Wochen sein vollständiges Sportzeug dabeihat. Die Eltern willigen ein, für das T-Shirt und die Hose zu sorgen. Da sie erst am Anfang des Monats neues Geld bekommen, bitten Sie für die Turnschuhe um zeitlichen Aufschub. Max darf sich so lange Schuhe aus dem Fundus leihen.

Räumen Sie den Eltern ggf. Bedenkzeit ein. So haben sie die Möglichkeit, sich zu informieren. Denken Sie daran: Vertrauen Sie darauf, dass Kinder und Eltern ihre persönlich passenden Lösungen finden. Das erhöht die Motivation, die Vereinbarung oder das Ziel einzuhalten und umzusetzen.

Aufgabe: Idealziel

Formulieren Sie ein Idealziel, das folgende Kriterien nach der SMART-Regel erfüllt:

S = spezifisch
M = messbar
A = angemessen (für das, was erreicht werden soll)
R = realistisch
T = terminierbar (muss in einem festgelegten Zeitrahmen erreichbar sein)

Wie gestalte ich ein positives Gesprächsende?

Blicken Sie mit den Eltern gemeinsam in die Zukunft:

- Was erzählen wir dem Kind?
- Was wird gegenüber anderen Bezugspersonen, Fachlehrkräften oder auch in der Klasse des Kindes kommuniziert?

Gerade bei heiklen Vereinbarungen, die zum Beispiel auf Klassenkonferenzen beschlossen wurden, wie beispielsweise eine Teilbeschulung oder ein vorübergehender Schulausschluss, muss vorsichtig abgewogen werden, was wem wie kommuniziert wird, um das betroffene Schulkind zu schützen. Auch kleinere Sonderregelungen sollten der Klassengemeinschaft ggf. mitgeteilt werden. Wieso darf ein Kind mit Diabetes im Unterricht den Klassenraum verlassen, um seinen Blutzucker zu checken? Wissen die anderen überhaupt von der Erkrankung? Dürfen sie es wissen? Was dürfen sie wissen?

Überlegen Sie sich wenn möglich eine gemeinsame Sprache. Das schafft Verbindung und bestenfalls auch Verbindlichkeit.

Wer schreibt, der bleibt. Dokumentieren Sie wichtige Gesprächsinhalte sowie Zielformulierungen. Besprechen Sie die Formulierungen, die ins Protokoll aufgenommen werden, mit den Eltern, damit beiden Seiten klar ist, was genau gemeint ist und was gemacht werden soll (gemeinsame Wortwahl).

Entlassen Sie die Eltern mit einem positiven Bild des Kindes.

> *Mir ist aufgefallen, dass sich Ihr Sohn sehr für die Klassengemeinschaft einsetzt. Dadurch ist er in seiner Klassengemeinschaft sehr beliebt.*

Auch kleine Rückmeldungen sind möglich, wie z. B.:

> *Heute hat Ihr Sohn zehn Minuten konzentriert an seinen Aufgaben gearbeitet.*

Bedanken Sie sich bei den Eltern für ihr Kommen, ihre Zeit und vereinbaren Sie ggf. gleich einen neuen Termin.

Stehen Sie ggf. auf, wenn das Gespräch beendet ist und Sie das Gefühl haben, dass es noch einen Impuls dazu braucht.

Schwierige Gespräche souverän meistern

Was mache ich, wenn ich merke, dass wir uns im Kreis drehen?

Werden alle ihre Vorschläge von den Eltern abgelehnt, kann ein Grund sein, dass die möglichen Ideen für das Familiensystem nicht stimmig sind (s. S. 24).
Legen Sie eine kurze Pause ein. Stehen Sie auf, öffnen Sie ein Fenster oder holen sich ein Getränk. Nutzen Sie die folgenden Methoden, um neuen Input geben zu können.

Übung: „Mindcheck"

Denken Sie bei der Vorbereitung eines Elterngesprächs an Ihr letztes Gespräch zurück. Worauf möchte ich meine Aufmerksamkeit richten? Auf die Sachen, die schlecht liefen, oder die, die gut liefen? Notieren Sie drei Sachen, die in Ihrem letzten Elterngesprächen gut gelaufen sind.

....

....

....

Wenn wir uns während eines Elterngesprächs oder in der Kommunikation mit Eltern generell im Kreis drehen, können folgende Techniken aus der systemischen (Familien-)Therapie hilfreich sein.

Durch **Reframing** (Umdeuten) kann es gelingen, einer Situation oder einem Geschehen eine andere Bedeutung zuzuweisen.

<u>Das Problem</u>: Der Schüler / Die Schülerin kommt regelmäßig zu spät.

Die üblichen Annahmen könnten sein: Er/Sie wird nicht geweckt. Die Eltern kümmern sich nicht darum. Schule ist für diese Familie nicht so wichtig.

Beispiele für mögliche Umdeutungen sind:

- Wahrscheinlich braucht das Schulkind die große Bühne, denn alle Augen sind auf es gerichtet, wenn es zur Tür hereinkommt.
- Auf dem Weg zur Schule scheint es sehr interessante Dinge zu geben, die den Schulbeginn vergessen lassen.

Durch das Reframing werden negative Zuschreibungen in einen positiven Kontext gerückt. Auf diese Weise können im Gespräch mit den Eltern neue, konstruktive Lösungen entwickelt werden. Lineare Denkmuster werden aufgeweicht. In einem neuen Rahmen kann auf das gezeigte Verhalten anders reagiert werden.

Bezogen auf unser Beispiel heißt das konkret:
Wenn ich als Lehrkraft davon ausgehe, dass das Schulkind auf jeden Fall zu spät kommt, weil es z. B. aus Sicht der Lehrkraft faul ist, wird das Kind abgewertet. Die individuellen Gründe spielen keine Rolle mehr. Gehe ich so voreingenommen in ein Gespräch mit Eltern, um das Zuspätkommen anzusprechen, bin ich nicht mehr an einer anderen Sichtweise interessiert.
Eltern nehmen in der Regel sensibel wahr, ob Sie kooperieren wollen oder nicht. Das gilt natürlich auch umgekehrt. Ein konstruktives Gespräch, in dem verschiedene Lösungen diskutiert werden, wird sich vermutlich erst dann entwickeln, wenn Sie mit einer wertfreien inneren Haltung, einem positiven Menschenbild und einer angemessenen proaktiven Neugierde den Eltern und dem Problem ge-

genüberstehen. Dann kann es sein, dass sich ggf. Kompromisse für eingeschliffene Verhaltensweisen finden lassen, an die vorher noch niemand gedacht hat.

Wenn Sie merken, dass sich die Eltern während eines Gesprächs um ein bestimmtes Problem drehen und eine Zielformulierung nicht gelingen mag, dann stellen Sie doch einmal die sogenannte **Wunderfrage**:

> *Ein Wunder ist geschehen. Es passiert nachts, wenn wir es nicht merken. Was ist nach dem Wunder anders?*

Diese Frage kann, so oder so ähnlich formuliert, sehr wirkungsvoll sein, wieder zu einem lösungsorientierten Denken zu gelangen. In der Regel ist es so, dass als Antwort auf so eine Frage häufig Tätigkeiten beschrieben werden, die die betreffende Person bereits manchmal im Alltag schon zeigt und die dann nach dem Wunder häufiger gemacht werden würde. Die Lösung des Problems ist in den meisten Fällen schon da und wird auf diese Weise nicht von der Lehrkraft übergestülpt.

Fragen Sie statt „Warum?" lieber **„Wozu?"**. Wir gehen davon aus, dass jeder Mensch gute Gründe für sein Handeln hat. Mit der Frage „Wozu?" fragen Sie nach dem Zweck der Handlung und vermeiden Schuldzuweisungen. Bleiben wir bei unserem Beispiel des Zuspätkommens: Es macht einen Unterschied, ob ich frage, warum jemand zu spät kommt, oder ob ich frage, wozu das Zuspätkommen gut ist.

Wie kann ich ein heikles Thema ansprechen / eine schlechte Nachricht überbringen?

Überlegen Sie sich im Vorfeld, welche Gefühle Ihre Mitteilung bei Ihrem Gegenüber auslösen könnte. So sind Sie vorbereitet.
Beschreiben Sie Ihr Anliegen möglichst **sachlich und wertungsfrei**. Nehmen Sie aufkommende Gefühle ernst, teilen Sie Ihre Beobachtung mit und nehmen Sie Anteil:

> *Es tut mir leid, dass Sie das so traurig macht.*

Besprechen Sie mit den Eltern, ob sie weiter aktiv am Gespräch teilnehmen können.
Wenn Sie Kritik äußern, denken Sie daran, dass Kritik an dem Kind auch immer Kritik an den Eltern ist. Es können Gefühle wie „Ausgeliefertsein" auf beiden Seiten entstehen. Dennoch ist Kooperation die Grundlage für die Zusammenarbeit auf beiden Seiten.
Es ist völlig in Ordnung, wenn schlechte Nachrichten dazu führen, dass der Gesprächsfluss unterbrochen wird. Das darf sein. Schweigen ist erlaubt. Die Schwierigkeit ist dabei, diese Stille auszuhalten und sich dabei weiterhin eine positive innere Haltung zu bewahren.
Es ist auch möglich, dass die Eltern eine längere Pause benötigen und erst in der nächsten Woche zu einem neuen Termin das Gespräch wieder aufnehmen können oder wollen.

Was mache ich, wenn Eltern um ein Gespräch bitten?

Oft kommt es vor, dass Eltern um einen Gesprächstermin bitten. Erfragen Sie, worum es genau gehen soll, damit Sie sich ggf. auf das Gespräch vorbereiten können.

Hilfreiche Fragen sind:

- Was möchten Sie genau besprechen?
- Was wäre Ihnen in dieser Sache wichtig zu besprechen?
- Wie kann ich Ihnen bei diesem Anliegen weiterhelfen?
- Was erwarten Sie in dieser Angelegenheit von mir?

Wie gehe ich mit Kritik um?

Kritik an der Lehrkraft oder der Schule allgemein wird immer häufiger von Eltern und in der Öffentlichkeit geäußert. Zurecht empfinden wir Pädagoginnen und Pädagogen dies als ungerecht und nehmen Kritik oft persönlich. Denn häufig arbeiten wir mit viel Engagement in unserem Beruf und kompensieren Mängel des Schulsystems, damit es den anvertrauten Kindern gut geht. Lob und Anerkennung gibt es dafür recht selten. Ganz im Gegenteil: Eher werden wir damit konfrontiert, dass alle besser wissen als wir, wie Schule funktioniert.

An diesem Punkt ist wieder unsere Haltung entscheidend. Wenn ich **Konflikte und Kritik als Chance auf Verbesserung, Veränderung und Entwicklung** verstehe, dann bin ich in der Lage, Kritik auf einer Sachebene ernst zu nehmen und ihr auf den Grund zu gehen.

Nehmen Sie die Kritik erst einmal sachlich entgegen. Das gelingt, wenn Sie im Hinterkopf haben, dass eine Kritik meist **eine Sorge oder ein Bedürfnis** enthält. Im weiteren Verlauf des Gesprächs sollte herausgefunden werden, was das genau ist.
Würdigen Sie, dass die Eltern damit zu Ihnen gekommen sind (und nicht gleich zur Schulleitung oder zum Schulamt).
Deuten Sie die Kritik um, sodass der Sachverhalt klarer wird, z.B. Eltern beschweren sich über die Fülle an Hausaufgaben und fühlen sich nachmittags als Lehrkraftersatz. Eine Umdeutung könnte nun sein, dass die Aufgaben zu umfänglich sind, als dass es das Kind alleine bewältigen kann. Versteckte Sorgen der Eltern könnten z.B. sein, dass dem Kind kaum noch Zeit zum Kindsein bleibt, es die Lust an Schule verliert oder sich die Stimmung zu Hause verschlechtert.
Fragen Sie nach, was genau die Eltern gestört oder gekränkt hat. Benennen Sie das Gefühl, das Sie dahinter vermuten. Nehmen Sie die Gefühle ernst und zeigen Sie, wenn möglich, Verständnis für die Gefühle der Eltern, z.B. so:

> *Jetzt kann ich verstehen, warum sie sich darüber ärgern.*

Welche Wünsche haben die Eltern, damit sich die Situation verbessert? Daraus könnte sich ein Ansatzpunkt zur Weiterarbeit ergeben und der Blick wird **Richtung Lösung** gewendet.
Verhandeln Sie geduldig mit den Eltern, welche Wünsche tatsächlich umsetzbar sind, und behalten Sie dabei Ihre eigenen Möglichkeiten und Grenzen im Hinterkopf.
Bleiben Sie in der Kooperation. Melden Sie den Eltern zurück, dass ihr Kind Ihnen wichtig ist und Sie es mögen. Signalisieren Sie weiterhin Gesprächsbereitschaft.

Wenn Sie die Eltern nach ihren Wünschen zur Verbesserung der Situation gefragt haben, wird oft der Fall eintreten, dass diesen Wünschen nicht vollumfänglich entsprochen werden kann. Um sich nicht (erneut) im Kreis zu drehen, könnten Sie ausprobieren, nach der **zweitbesten Lösung** zu fragen, bzw. sie mit den Eltern zu erarbeiten. Gegebenenfalls enthält diese Idee dann Teile aus der vorgeschlagenen Lösung der Eltern.

Was mache ich, wenn das Gespräch zu eskalieren droht?

Wenn ein Gespräch zu kippen droht, ist die Gefahr groß, dass Sätze, die in emotional aufgebrachter Lage gesagt werden, persönlich genommen werden. Fühle ich mich auf einer persönlichen Ebene angegriffen, ist es schwierig, auf der Sachebene weiterzuarbeiten. Häufig hört man dann im Nachgang den Ratschlag „Nimm es nicht persönlich". Dieser Satz ist problematisch, weil das „nicht" überhört wird und somit nur „Nimm es persönlich" bleibt. Abgrenzung klappt also nicht mehr.

Aber wie kann es gelingen, den roten Faden wieder aufzunehmen und ggf. die Wogen zu glätten?
Droht ein Gespräch zu kippen, ist vor allem ein **Rückbesinnen auf die innere Haltung** wichtig, z. B.: Konflikte sind eine Entwicklungschance. / Hinter der Kritik der Eltern steckt die Sorge um das eigene Kind.

Es bietet sich an, die Probleme getrennt von den Menschen zu betrachten. Dadurch sinkt die Gefahr, dass Sie die Kritik persönlich trifft. Stellen Sie sich vor, dass das Problem eine Sache ist. Eine Sache lässt sich klar abgrenzen und hat in der Regel eine oder mehrere klar definierte Funktionen. Auf dieser Grundlage lässt es sich einfacher verhandeln.

Stellen Sie sich vor, Sie möchten sich ein neues Auto kaufen und werden beim Autohaus Ihres Vertrauens fündig. Mit der Verkäuferin / dem Verkäufer verhandeln Sie den Preis und ggf. die Ausstattung. Größtenteils findet die Verhandlung auf einer Sachebene statt. Allen ist klar, je mehr Zubehör das Auto hat, desto teurer wird der Spaß. Passen die Preisvorstellungen der Händlerin / des Händlers und die eigenen Preis- und Ausstattungsvorstellungen nicht zusammen, kann der Kauf nicht abgeschlossen werden. Es muss neu verhandelt werden. Fühlt sich der Käufer z. B. über den Tisch gezogen, kommen Emotionen ins Spiel und das Gespräch kann zunehmend schwieriger werden.

Wenn die Sachlichkeit verlassen wird, dann lässt sich mindestens eine Gesprächspartnerin / ein Gesprächspartner von den eigenen Gefühlen leiten und eine Eskalation droht.
Die Eltern sind aufgebracht? Legen Sie keine Schippe drauf, sondern schalten Sie einen Gang runter, um zu **deeskalieren**. Bleiben Sie so ruhig, wie es Ihnen möglich ist, damit Sie weiter professionell agieren können.

Um wieder zur Sachebene zurückzufinden, könnten Sie diesen Leitfaden ausprobieren:

- Wenn **Gefühle** auftauchen, müssen diese unbedingt **wahr- und ernst genommen** werden. Teilen Sie Ihrem Gegenüber mit, welche Gefühle Sie wahrnehmen:

> *Ich sehe, Sie sind aufgebracht, wütend, …*

- **Fragen** Sie nach:

> *Was macht Sie gerade so wütend/traurig/hilflos …?*

> *Was würde Ihnen jetzt helfen, um …?*

- Legen Sie eine **Pause** ein. Sie könnten ein Getränk anbieten, Taschentücher, eine kurze Unterbrechung, …
- **Klären Sie**, ob Ihr Gegenüber weiter am Gespräch teilnehmen möchte/kann. Wenn nicht, dann vertagen Sie ggf. das Gespräch.
- Nutzen Sie den Neueinstieg, um wieder auf das Gesprächsthema und die **Lösungsfindung** zu lenken.
- Bestehen Sie nicht auf Ihren Standpunkt, weil sich sonst die Fronten weiter verhärten können und eine Rückkehr zur Kooperation immer unwahrscheinlicher wird.

Ein Bespiel hilft, dies zu verdeutlichen: Eine Schülerin musste in der Pause, das Arbeitsblatt nacharbeiten, das sie in der Stunde nicht geschafft hat. Die Eltern kritisieren diese Vorgehensweise vehement, weil sie Sorge haben, dass ihr Kind keine ausreichende Pause zwischen den Unterrichtsstunden hat.

Sie haben nun zwei Möglichkeiten:

1. Sie rechtfertigen Ihre pädagogische Entscheidung und bestehen darauf, dass der Unterrichtstoff unbedingt in der vorhergesehenen Zeit geschafft werden muss. Der Bildungsauftrag steht für Sie klar im Vordergrund. Die Fronten verhärten sich.
2. Sie hören sich die Sorge der Eltern an und zeigen Verständnis für diese Sichtweise. Sie finden gemeinsam mit den Eltern eine Lösung, die für beide Seiten stimmig ist (z. B. Arbeitsblatt mit nach Hause geben / Kind erledigt Aufgaben in der Betreuung / Aufgaben ganz fallen lassen, weil die Schülerin zurzeit andere Baustellen hat). Eine Kooperation ist weiterhin gegeben.

Gelingt es Ihnen langfristig und wiederholt nicht, die Eltern zur Kooperation zu motivieren, und Sie fühlen sich ggf. sogar sehr unwohl in deren Gegenwart, dann ist es hilfreich, sich so früh wie möglich Hilfe zu holen und andere, z. B. Kolleginnen/Kollegen, die Schulleitung, den schulpsychologischen Dienst oder andere Personen, die das Kind kennen und bestenfalls mögen, mit einzubeziehen. Mit einer zusätzlichen Person fällt es ihnen leichter, auf der Sachebene zu bleiben, und ggf. hat Ihr Unterstützer / Ihre Unterstützerin noch weitere Ideen für eine Lösung des Problems.

Kurz zusammengefasst:

- Ich sehe Kritik als Chance zur Entwicklung.
- Alle Emotionen haben ihre Berechtigung und dürfen sein.
- Ich betrachte das Problem als Sache.
- Ich nutze Pausen, um die Eskalation kurz zu unterbrechen.
- Ich habe immer die Lösungsfindung im Fokus.
- Wenn ich nicht weiterkomme, hole ich mir Hilfe von Menschen, die mir dabei helfen, auf der Sachebene zu bleiben.

Übung: Worst-Case- und Best-Case-Szenario

Stellen Sie sich im Vorfeld diese Fragen , um auf zwei völlig verschiedene Gesprächsverläufe vorbereitet zu sein. Dann bleiben Sie bei Überraschungen gelassen und handlungsfähig:

- *Was kann ich tun, damit das Gespräch möglichst schnell eskaliert? (Worst-Case-Szenario)*
- *Was kann ich für einen bestmöglichen Gesprächsverlauf machen? (Best-Case-Szenario)*

Je nach Situation ist es möglich, diese Fragen auch an die Eltern weiterzugeben:

- *Was muss ich fragen, damit Sie das Gespräch verärgert beenden?*
- *Was muss ich Sie fragen, damit Sie mit einem guten Gefühl nach Hause gehen?*
- *Was können Sie machen, um das Problem zu verstärken / zu verkleinern?*

Was mache ich, wenn gar nichts mehr geht?

Teilen Sie mit, was Sie wahrnehmen, und formulieren Sie Ihre persönliche Grenze. Nutzen Sie hierfür Ich-Botschaften:

Ich habe das Gefühl, wir kommen hier (heute) nicht weiter.

Ich habe verschiedene Möglichkeiten ausprobiert, um mit Ihnen gemeinsam eine Lösung zu finden. Das ist uns heute leider nicht gelungen.

Ich möchte das Gespräch für heute beenden. Gerne können wir zu einem späteren Zeitpunkt das Gespräch fortführen. Ich melde mich nächste Woche bezüglich eines neuen Termins.

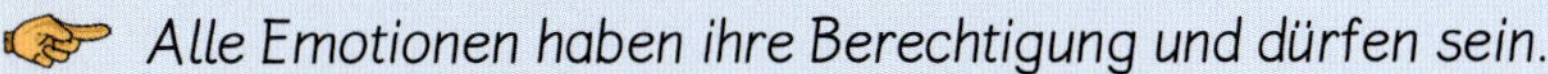

Bevor das nächste Gespräch ansteht, haben Sie verschiedene Möglichkeiten, um sich gut aufzustellen und sich unterstützen zu lassen.

Sie haben **Kolleginnen oder Kollegen**, die einen guten Zugang zu der Familie haben, weil sie vielleicht schon mal ein Geschwisterkind unterrichtet haben? Ziehen Sie diese Lehrkraft zum Gespräch hinzu. Vielleicht gelingt es so, eine Brücke zu bauen. Vermeiden Sie es, mit Kolleginnen/Kollegen zu sprechen, die Ihnen Antworten geben wie: *„Wieso? Bei mir gibt es mit den Eltern nie Probleme."* Oder: *„Das kannst du vergessen. Mit denen kann man nicht vernünftig reden."* Das ist nicht hilfreich.

Installieren Sie eine **kollegiale Fallberatung oder Supervision**. Lehrkräfte sind mit einer Fülle von herausfordernden Situationen konfrontiert. Eine Beratung kann helfen, andere Perspektiven einzubringen oder festgefahrene Überzeugungen infrage zu stellen.

Sie fühlen sich in Gegenwart der Eltern nicht sicher? Lassen Sie die **Schulleitung** solche Elterngespräche führen.

Was mache ich, wenn Eltern nicht zu Gesprächen erscheinen und auch sonst nicht kooperieren?

Es gibt Eltern, die gar nicht zu Gesprächen zu bewegen sind. Man bekommt sie nicht ans Telefon und auf schriftliche Einladungen reagieren sie nicht. Oder der Termin, der vereinbart werden konnte, wird kurzfristig abgesagt. Manchmal werden nur die älteren Geschwister geschickt.

Sie könnten noch einen Versuch starten und sich einen Bündnispartner, wie z. B. die Schulpsychologin / den Schulpsychologen oder ggf. die Familienhilfe einladen. Der Druck könnte dann so groß werden, dass die Eltern doch beim Termin anwesend sind. Die Wahrscheinlichkeit, dass sie kooperieren, ist wohl eher gering. Die Zusammenarbeit kann sehr ermüdend sein.

Für eine vertrauensvolle und entwicklungsfördernde Zusammenarbeit benötigen Sie allerdings die Eltern in einer aktiven und kooperationsoffenen Haltung.
Die Lebenssituation mancher Eltern lässt genau das aber womöglich gerade nicht zu und Gespräche mit der Schule würden sie überfordern (z. B. Trennungsprozesse, schwere Erkrankungen, Konflikte auf anderen Ebenen, festgefahrene Konflikte mit der Schule, Arbeitsplatzverlust, Existenzängste).
Wenn eine solche Situation vorliegt, kann die Einrichtung nur nach ihren Möglichkeiten das Beste für das Kind tun. Je nach Situation, die sich darstellt, können Sie sich dann Hilfe bei der Schulsozialarbeit oder beim Jugendamt holen. Lassen Sie sich beim zuständigen Jugendamt anonym beraten, wenn Sie eine Kindeswohlgefährdung nach § 8a SGB VIII vermuten.
Bitte Dokumentieren Sie alle Bemühungen, die Eltern doch noch mit ins Boot zu holen und notieren Sie ggf. alles Notwendige rund um das betroffene Kind. Dann können Sie im Ernstfall ihre verantwortungsbewusste Arbeit nachweisen.

Im Folgenden sollen einige praktische Ideen für eine gelingende Eltern-Lehrkraft-Kooperation vorgestellt werden. Zu diesem Zweck werden verschiedene Anlässe in den Blick genommen, bei denen eine Zusammenarbeit zwischen Eltern sowie Lehrerinnen und Lehrern stattfindet.

Tür- und Angelgespräche

Solche Gespräche kommen meist überraschend und oft zu den unpassendsten Gelegenheiten im Schulalltag. Die Eltern stehen plötzlich im wahrsten Sinne des Wortes in der Tür und wollen mit Ihnen ihr Anliegen besprechen – und zwar am liebsten sofort. Sie selbst müssen aber eigentlich gerade in eine andere Klasse, einen Konflikt unter Schulkindern klären oder Sie müssen zur Pausenaufsicht. Kurzum: Sie haben dafür gerade keine Zeit.
Und dennoch stehen die Eltern vor Ihnen und haben ein dringendes Anliegen, das ihr Kind betrifft.

Wie können Sie vorgehen, ohne die Eltern vor den Kopf zu stoßen und ohne Ihre Aufsichtspflicht zu verletzen?

- Nehmen Sie sich kurz Zeit und fragen Sie die Eltern, worum es geht.
- Entscheiden Sie, ob es sich um ein Missverständnis oder ein Anliegen handelt, das sofort geklärt werden kann, oder ob das weitere Gespräch vertagt werden muss, weil es mehr Informationen braucht.
- Bedanken Sie sich bei den Eltern, dass sie mit dem Anliegen zu Ihnen gekommen sind (denn sie könnten auch gleich zur Schulleitung oder gar zum Schulamt gehen).
- Teilen Sie den Eltern ggf. mit, dass Sie das Anliegen ernst nehmen, aber etwas Zeit brauchen, um sich mehr Informationen dafür zu beschaffen.
- Fragen Sie die Eltern nach einem für beide Seiten passenden Termin, um das Gespräch fortzusetzen und die Angelegenheit zu klären.
- Notieren Sie sich das Anliegen oder hinterlassen Sie ein Memo auf einem Ihrer digitalen Arbeitsmittel (Handy, Tablet, Laptop), damit Ihnen das Anliegen im stressigen Alltag nicht „wegrutscht".

Empfehlenswert:

- *Podcast* ***Ich eskaliere gleich*** *von Raphael Kirsch – zertifizierter Deeskalationstrainer über Themen rund um Konflikte und Krise im pädagogischen Alltag*
- *Instagram-Blog* ***liniert.kariert*** *von Saskia Niechzial – u. a. rund um das Thema Kooperation mit Eltern*

Telefongespräche mit Eltern

Warum rufen wir Lehrkräfte in den meisten Fällen bei den Eltern an?
Telefongespräche werden häufig genutzt, um den Eltern mitzuteilen, dass irgendetwas fehlt (Geld, Material) oder etwas nicht so läuft, wie es laufen sollte (Konflikt, Kind ist krank / hat sich verletzt und muss abgeholt werden, Kind ist nicht in der Schule erschienen, Krankmeldung durch die Eltern fehlt etc.). Wir rufen also an, wenn Informationen unmittelbar kommuniziert werden müssen. Positive Rückmeldungen erfolgen in diesem Rahmen kaum. Warum nicht auch bei einem Telefongespräch auf einen oder zwei gute Momente mit dem Kind verweisen (s. S. 26):

Hallo Frau Müller, mir ist gestern aufgefallen, dass Max es geschafft hat, seit einer Woche sein Etui ordentlich zu halten. Dadurch hat er gemerkt, dass er einen besseren Überblick über seine Stifte hat. Leider fehlen noch die Schere und der Klebestift. Könnten Sie Max daran erinnern, die beiden Dinge morgen für den Sachunterricht mitzubringen?

Elternsprechtage

Elternsprechtage sind meist im Schulkonzept verankert, finden pro Halbjahr mindestens einmal statt und sind erfahrungsgemäß zeitlich meist knapp bemessen. Sie werden je nach Bundesland und Schulform anders genannt.
Elternsprechtage können für einen kurzen Informationsaustausch genutzt werden. Da in der Regel fünf bis zehn Minuten nicht ausreichen, um bei umfangreicheren Themen gemeinsame Zielvereinbarungen zu erarbeiten, kann es sinnvoll sein, bei Bedarf einen längeren Folgetermin zu vereinbaren.
Man könnte mit der Schulleitung absprechen, ob Termine auch an anderen Tagen möglich sind, um Eltern mit mehreren Kindern an der Schule entgegenzukommen.
Feste Sprechzeiten unter der Woche könnten den Elternsprechtag entzerren.

Lernentwicklungs- bzw. Zeugnisgespräche

Lernentwicklungsgespräche orientieren sich am persönlichen Entwicklungsstand des Kindes. Dabei lohnt es sich, sich etwas Zeit zu nehmen und gemeinsam mit dem Kind und den Eltern genauer auf die individuellen Erfolge/Leistungen zu schauen. Das Zeugnis z. B. bietet dazu einen in regelmäßigen Abständen wiederkehrenden Anlass. In der Regel zeigt sich eine Bandbreite an Noten oder verbalen Beurteilungen.
Dabei sollten in erster Linie die Erfolge hervorgehoben werden. Denn sie bieten wichtige Grundvoraussetzungen und Strategien, um ggf. Lernbereiche, die weniger erfolgreich bewältigt werden, zu stärken.

Erste Fragen an das Kind (bzw. die Eltern) könnten sein:

- Welche Fächer machen dir (dem Kind) Spaß / bereiten dir Freude?
- Wie schaffst du es, in diesen Fächern fleißig/motiviert mitzumachen / zu lernen?
- Was/Wer hilft dir dabei? Was ist dir dabei besonders wichtig?
- In welchen Lernbereichen brauchst du Unterstützung?
- Was könnte dir dabei helfen? Welche Übungsformen machen dir Freude? Wer könnte wann unterstützen?
- Welchen Lernbereich willst du im Zeitraum XY verstärkt üben?
- Könnten vorübergehend Nachteilsausgleiche hilfreich sein, um wiederkehrende Misserfolge zu vermindern und eher Erfolgserlebnisse zu würdigen und somit die Lernmotivation zu erhalten?
- Braucht es außerschulische Unterstützung?

Die Zielformulierung sollte sich dann, wie an anderer Stelle bereits beschrieben, an der Lebenswelt des Kindes / der Familie orientieren und zur Leistungsfähigkeit und dem Entwicklungsstand des Kindes passen. Es macht ggf. auch Sinn, vereinbarte Zeiträume anzupassen und nicht erst das nächste Gespräch im nächsten Halbjahr anzupeilen, da sonst die Gefahr besteht, dass der Zeitraum für das Kind nicht überschaubar ist und die Motivation verpufft. Überlegenswert sind kurze Status-quo-Gespräche zwischendurch, um kleine Anpassungen oder Richtungsänderungen vornehmen zu können. Bei einer guten Lehrkraft-Eltern-Kommunikation kann ein kurzer Informationsaustausch schon reichen und signalisiert dem Kind, dass die Erwachsenen im Sinne des Kindes am vereinbarten Ziel dranbleiben.

Förderplangespräche

Förderpläne werden meist von der Lehrkraft zu Hause getippt und die oft sehr umfangreichen Förderziele den Eltern im Schnelldurchlauf präsentiert. Die Lehrkraft heftet die Förderpläne anschließend in die Akten und da bleiben sie in der Regel auch. Auf diese Weise ist es schwer, dass Eltern und Lehrkraft Hand in Hand an den Förderzielen arbeiten.

Entwickeln Sie die Ziele für den Förderplan gemeinsam mit den Eltern (und den Schulkindern). Alle Kinder, im Besonderen die Kinder, die viel Unterstützung benötigen, profitieren dabei von einer wertschätzenden und kindzentrierten Zusammenarbeit (vgl. Grüter, Wild & Gorges 2019, S. 6).

Denkbar wäre auch, dass Sie den Eltern sowie dem jeweiligen Kind drei Vorschläge machen und die sich dann aussuchen, an welchem Förderziel in den nächsten Wochen gearbeitet werden soll. Auf diese Weise kommen Sie den Autonomiebestrebungen des Kindes nach, lassen ihm Wahlfreiheit, sodass es Verantwortung für seinen Lernerfolg übernehmen kann.

Die Eltern werden auf diese Weise mit einbezogen und übernehmen ebenfalls Verantwortung, ihr Kind beim Erreichen der Ziele zu unterstützen. Das ist wichtig, da Eltern ggf. im Laufe der Schullaufbahn ihrer Kinder wegweisende Entscheidungen in Bezug auf die Schulwahl treffen müssen.

Elternabende

Elternabende finden in Abhängigkeit vom Bundesland mindestens einmal, oft auch zweimal zu Beginn der Schulhalbjahre statt. Es kommen weitere Elternabende dazu, wenn es um die Vorbereitung einer Klassenfahrt oder besondere pädagogische Themen geht.

Es müssen also kreative Lösungen her, um den Eltern gleich von Anfang an zu signalisieren, dass man mit ihnen gemeinsam für das Kind arbeiten möchte, an Kooperation interessiert ist und sie als Partnerin/Partner sieht. Und es braucht ein bisschen Mut, konservative Muster aufzulösen sowohl bei den Lehrkräften als auch bei den Eltern.

Ideen, um einen Elternabend zu eröffnen:

- Lassen Sie die Schulkinder ein Porträt von sich, dem jeweiligen Elternteil oder der gesamten Familie zeichnen. Legen Sie diese Zeichnungen auf die Tische der jeweiligen Schülerin / des jeweiligen Schülers und lassen Sie die Eltern das entsprechende Bild finden.
- Legen Sie Spielzeugtiere in der Mitte des Raumes aus. Bitten Sie die Eltern ein Tier auszuwählen, das Sie mit einer positiven Eigenschaft ihres Kindes verbinden. Darüber können Sie anschließend ins Gespräch kommen, müssen es aber nicht.
- Veranschaulichen Sie den Eltern die aktuellen Lernprozesse ihrer Kinder. Mithilfe einer Anlauttabelle in Fantasiesprache z. B. könnten Sie die Eltern ein Lösungswort knacken lassen.
- Lassen Sie die Eltern Wünsche für die Schulkinder formulieren. Diese können im Klassenraum visualisiert werden, dass auch die Kinder sie am nächsten Tag sehen können. Das macht den Kindern die Zusammenarbeit zwischen Eltern und Lehrkraft deutlich.
- Beginnen Sie den Elternabend mit einer Fotopräsentation aus den letzten Wochen.
- Etwas mehr Arbeit, aber dennoch lohnenswert, kann ein Fragevideo sein. Formulieren Sie eine Fragestellung, die die Kinder aktuell beschäftigt, und filmen Sie die Schulkinder bei ihren Antworten. Bitte prüfen Sie vorher, ob die Eltern Ihrer Schülerinnen und Schüler in schulinterne Videoaufnahmen schriftlich eingewilligt haben.

- Stellen Sie einen Freifahrtschein für fehlende Hausaufgaben aus, der einmalig im jeweiligen Schulhalbjahr einlösbar ist, und verteilen Sie diesen auf dem Elternabend. Das zeigt den Eltern, dass Sie durchaus Verständnis für die Belastung haben, der Eltern und Kinder oftmals ausgesetzt sind.

Aufsuchende Elternarbeit

Mit dem in den letzten Jahren immer stärker in den Fokus gerückten Schutz der Privatsphäre rücken Hausbesuche immer weiter in den Hintergrund der pädagogischen Arbeit und es ist verständlich, wenn Hausbesuche nicht jede Familie (und nicht jede Lehrkraft) per se gut findet.
Dennoch bieten Hausbesuche der Lehrkraft eine große Chance, die Lebenswelt ihrer Schützlinge kennenzulernen und besser zu verstehen. Da grundsätzlich erst einmal davon auszugehen ist, dass die Kinder ihre Lehrerin / ihren Lehrer mögen und es als Interesse an ihrer Person verstehen, wenn sich die Lehrkraft auch für ihre Freizeit und ihr Lebensumfeld interessiert, hat es für das Kind womöglich einen positiven Effekt auf die Lernentwicklung in der Schule. Die größere Herausforderung könnte sein, eine vertrauensvolle Beziehung zu den Eltern zu entwickeln und ihnen das Gefühl zu geben, dass man sich zum Wohle des Kindes sehr wertschätzend ihrem häuslichen Umfeld nähert und nicht als Kontrollinstanz in die Privatsphäre eindringt.
Mobilitätseingeschränkte Eltern oder Eltern mit weiteren kleineren Kindern sind womöglich auch dankbar, wenn man zu ihnen nach Hause kommt.

Elternmitarbeit durch gute Kommunikation steigern

Im Laufe eines Schuljahres gibt es für die Kinder verschiedene Sternstunden, wie beispielweise Theateraufführungen oder Schulfeste, zu denen sich auch die Eltern aktiv einbringen können. Kostüme müssen geschneidert, Kuchen soll gebacken werden. Für die Lehrkraft kann die Abfrage, welche Eltern mitwirken möchten, mitunter ermüdend sein. Nicht selten entsteht hier der Eindruck, dass diese Termine von den Eltern als zusätzliche, unzumutbare Belastung erlebt werden. Die ein oder andere Lehrkraft plant Eltern evtl. im Vorfeld schon gar nicht mehr mit ein, weil die Erfahrung gezeigt hat, dass wenig Resonanz vonseiten der Eltern kommt. Die Wahl zur Elternvertretung oder die Mitarbeit in Schulgremien? An manchen Schulen oder in machen Klassen undenkbar. Das bedeutet im Umkehrschluss wieder Mehrarbeit für die Lehrperson. Die ein oder andere nette Aktivität steht vielleicht sogar auf der Kippe, weil die Organisation und Vorbereitung einer solchen ohne die Elternmitarbeit schlichtweg nicht leistbar scheinen.

Wie kann also durch eine gute Kommunikation die Elternmitarbeit gesteigert werden? Das ist eine wichtige Frage, schließlich hat die Mitarbeit auf allen Seiten viele positive Effekte, wie z. B. die Identifikation mit der Schule, Mitgestaltung des Schullebens, Kontakt zu anderen Eltern.

Um Eltern dazu zu motivieren, sich aktiv in das Schulleben einzubringen, ist wieder der Aufbau einer tragfähigen Lehrkraft-Eltern-Beziehung entscheidend.
Am besten findet eine positiv besetzte Kontaktaufnahme schon vor dem gemeinsamen Start, also noch vor der Einschulung, statt. Warum nicht im Vorfeld ein Kennenlernfest für die zukünftigen Schulkinder und deren Familien ausrichten? Also zarte Bande knüpfen, schon lange bevor „das Kind überhaupt in den Brunnen gefallen" sein kann?

Zudem ist auch hier wieder meine Haltung entscheidend. Freue ich mich über die Eltern, die sich einbringen (und die sind in jeder Klasse zu finden), oder ärgere ich mich über diejenigen, die es nicht machen?

Halten Sie guten Kontakt zur Elternvertretung in Ihren Klassen. Diese stellen schließlich ein Bindeglied zwischen der Elternschaft und den Lehrkräften dar. Seien Sie authentisch. Beziehen Sie die Elternvertretung im Vorfeld in Ihre Überlegungen mit ein. Seien Sie aufrichtig interessiert an möglichen Einwänden oder Bedenken seitens der Elternschaft, seien Sie offen für Ideen und Vorschläge.

Kreative Ideen für eine positive und kooperative Kontaktaufnahme zu den Eltern

Vorstellungsbrief zu Beginn des Schul(halb)jahres

Stellen Sie sich und Ihre Arbeit in einem kurzen Brief an die Schulkinder und deren Eltern vor. Dabei entscheiden Sie ganz persönlich für sich, was Sie über sich preisgeben möchten und auch, was für Sie in Bezug auf Ihre Arbeit mit den Kindern und Ihr Fach besonders wichtig und erwähnenswert ist.

Der Newsletter

Moderne Firmen und Organisationen halten sich mit Newslettern bei ihrer Kundschaft und ihren Mitgliedern in Erinnerung. Warum das nicht auch einmal für den schulischen Kontext ausprobieren? Halten Sie die Eltern auf dem Laufenden. Was haben Sie als Nächstes mit den Kindern im Kunstunterricht vor? Welche Geschichten werden die Schulkinder demnächst im Deutschunterricht beschäftigen? Welche Projekte stehen an? Gibt es eine tolle Anekdote aus dem Schulleben?

Legen Sie selbst fest, welcher zeitliche Abstand für Sie Sinn macht und zu bewältigen ist. Gegebenenfalls bitten Sie um Rückmeldung von den Eltern, welche Infos für sie in den Newslettern nützlich sind und welche Kommunikationsform (Schul-App, E-Mail, in Papierform) gut ankommt bzw. wie sie gut erreichbar sind. Dann haben Sie nicht das Gefühl, dass Ihre Arbeit ungenutzt verpufft.

Elternnachmittage

Wie wäre es mit ungezwungenen Elternnachmittagen? Solche Nachmittage wären vor allem für solche Eltern eine gute Gelegenheit, sich Informationen rund um die Schule zu holen, die sonst mit Betreuungsproblemen ihrer Kinder konfrontiert sind. Zu den Elternnachmittagen könnten sie diese einfach mitbringen. Der formale Charakter eines Elternabends fällt weg und die Atmosphäre ist deutlich ungezwungener.

Elternnachmittage sollten so einfach wie möglich gestaltet werden. Es geht in erster Linie darum, gemeinsame Zeit zu verbringen und nicht das tollste Kuchenbüfett überhaupt zu zaubern. Auch sollte die Gelegenheit bestehen, die Schulkinder plus Geschwister mitzubringen, weil Eltern sonst ggf. aufgrund fehlender Betreuung nicht an dem Elternnachmittag teilnehmen können.

Nutzen Sie in der Schule vorhandene Spielangebote als Beschäftigungsmöglichkeit für die Kinder.

Möglich wäre es z. B. auch, einen Lesenachmittag gemeinsam mit Kindern und Eltern in der Schulbibliothek zu veranstalten.

Der erste Elternabend der ersten Klasse als Familienevent

Wie wäre es, wenn der erste Elternabend nach der Einschulung ein schönes Erlebnis für alle Beteiligten (Kinder, Eltern, Lehrkräfte) wird?
Ein entspanntes Zusammenkommen mit Aktivitäten, die positive Erlebnisse schaffen und die Chance bieten, dass die bunt zusammengewürfelte Gruppe aus womöglich unterschiedlichen Kindergärten und Wohnvierteln ein bisschen zu einer Gemeinschaft zusammenwächst.

Denkbar wären z. B. ein Spielenachmittag, Waffeln backen, Treffpunkt Abenteuerspielplatz, die Spielekiste auf dem Schulhof ausprobieren, ein Bastelnachmittag, kleine Teamspiele, eine Schnitzeljagd oder Schatzsuche.
Damit hätten Sie gleich zu Beginn eine positive Grundlage für eine hoffentlich kooperative Zusammenarbeit geschaffen.

Rituale zu jährlichen Anlässen

Schaffen Sie feste Rituale zu jährlichen Anlässen, wie z. B. Muttertag, Ostern, Weihnachten und/oder den Zeugnissen. Auf diese Weise schaffen Sie Transparenz und können positiv mit den Eltern über die Kinder in Kontakt treten.

Als Beispiel: Lassen Sie die Kinder am Ende des Schuljahres einen Feedbackbogen mit einigen kurzen positiven Sätzen, wie z. B. „Du kannst schon toll rechnen!“, ausfüllen. Geben Sie diesen Feedbackbogen mit nach Hause. Die Eltern können sich so gemeinsam mit ihrem Kind über den Lernfortschritt freuen.

Feste Sprechzeiten im Laufe der Woche

Feste Sprechzeiten in der Woche einzuplanen, würde für Sie als Lehrkraft bedeuten, an dem betreffenden Tag länger in der Schule zu verweilen, als sie ggf. müssten. Dennoch bietet eine Sprechzeit den Eltern die Möglichkeit, sie unkompliziert persönlich oder telefonisch zu erreichen und kleine Alltagsdinge mit Ihnen abzusprechen, bevor sie zu einem großen Problem werden. Wenn diese Zeiten als fester Bestandteil in Ihrem Stundenplan verankert sind, lässt sich der persönliche Alltag gut drumherum planen. Zudem bietet eine solche Sprechzeit den Vorteil, dass Tür- und Angelgespräche Sie nicht zu ungünstigen Zeiten erwischen und Sie für kleine Anliegen nicht jeden Nachmittag erreichbar sein müssen. Dadurch könnten Sie ggf. besser vom Arbeitsalltag abschalten. Sollte es mal keine Anliegen der Eltern geben, lässt sich die Zeit in der Schule immer auch anders nutzen, z. B. für Unterrichtsvorbereitungen, zum Kopieren, für Materialsichtungen oder Organisatorisches.

Persönliche Erreichbarkeit gestalten

Lehrerinnen und Lehrer haben unterschiedliche Vorgehensweisen, wie sie mit Schülerinnen und Schülern sowie Eltern in Kontakt treten. Einige geben ihre private Rufnummer zusammen mit festgelegten Sprechzeiten raus oder sind quasi Tag und Nacht über Messengerdienste zu erreichen. Es gibt Kolleginnen und Kollegen, die ein eigenfinanziertes Diensthandy nutzen. Andere kann man im Lehrkräftezimmer während der Pausenzeiten anrufen, wieder andere sind nur über die Schul-E-Mail-Adresse zu kontaktieren.
Teilen Sie den Eltern auch mit, über welches Medium Sie am besten zu erreichen sind. Auf diese Weise ersparen Sie den Eltern ggf. viel Zeit, Sie zu erreichen.
Prüfen Sie, ob die Eltern bereit sind, schuleigene Messengerdienste zu nutzen.

Stellen Sie sich die Frage, welche Information wirklich so dringend ist, dass sie nicht bis zum nächsten Tag warten könnte, und kommunizieren Sie dies auch an die Elternschaft.
Wichtig ist, dass Sie für Eltern erreichbar sind. Es muss aber nicht unmittelbar sein. Ein zügiger Rückruf oder eine am nächsten Tag beantwortete E-Mail reichen in der Regel völlig aus. Wenn Sie Ihre private Rufnummer zur Verfügung stellen wollen oder müssen, geben Sie diese in Kombination mit festen Zeiten raus, z. B. nur bis 18 Uhr, nicht an den Wochenenden etc.

Sie als Lehrkraft haben ein Recht auf Abschalten, damit Sie den Schulkindern voller Energie am nächsten Tag wieder gegenübertreten können. Ihren Hausarzt können Sie schließlich auch nicht abends zu Hause erreichen – für Notfälle stehen Krankenhäuser zur Verfügung.
In Bezug auf Schule erhalten die Eltern bei Notfällen ebenfalls außerhalb der Schule Hilfe, wie z. B. bei der Nummer gegen Kummer, der Notfallnummer des örtlichen Jugendamtes, der Polizei oder beim Notarzt.

Antworten auf die häufigsten Fragen

„Die Eltern nehmen mich als Lehrerin nicht ernst. Was kann ich tun?"

Versuchen Sie, gelassen zu bleiben.

Dass Sie das Gefühl haben, dass die Eltern Sie nicht ernst nehmen, muss nicht unbedingt mit Ihnen als Person zu tun haben.
Überlegen Sie, wo dieses Gefühl eigentlich herkommt.
Es gibt verschiedene Gründe oder Hypothesen, warum jemand bei Ihnen ein solches Gefühl auslöst. Jemanden nicht ernst zu nehmen, kann eine Form der Abwertung darstellen. Diese Abwertung wird genutzt, um selbst besser dazustehen oder um das Thema Schule nicht so nah an sich heranzulassen. Das kann verschiedene Gründe haben. Vielleicht haben die Eltern schlechte Vorerfahrungen in ihrer eigenen Schulzeit gemacht, für die Sie nicht verantwortlich sind. Möglich ist auch, dass die Eltern unsicher sind und diese Unsicherheit auf Sie als Lehrkraft übertragen. Dahinter kann das Bedürfnis der Eltern stecken, ernst genommen zu werden.

Es könnte auch sein, dass das Verhalten der Eltern bei Ihnen eine Vorerfahrung in Erinnerung gerufen hat, bei der Sie sich selbst nicht ernst genommen gefühlt haben und ggf. übergangen worden sind. Gibt es eine solche Situation, an die Sie sich erinnern können?

Wichtig ist es, nicht hilflos in dem Gefühl „Ich werde nicht ernst genommen" zu verharren, sondern wieder in die Aktion zu kommen. Überlegen Sie sich ein kleines Ritual, das Ihnen hilft, gestärkt in das nächste Gespräch zu gehen.

Die Frage hinter der Frage könnte sein:

> *Wie schaffe ich es, mit den Eltern eine vertrauensvolle Beziehung aufzubauen und gut zusammenzuarbeiten?*

Ein Beziehungsaufbau braucht Zeit. Nicht mit allen Eltern ist sofort eine vertrauensvolle Kooperation möglich. Fragen Sie die Eltern, nach Ihren Vorstellungen und Wünschen, wie eine gute Eltern-Lehrkraft-Zusammenarbeit aussehen könnte.

„Ich muss den Eltern eine sehr unangenehme Mitteilung (Versetzung ist gefährdet, verletzendes Verhalten, Klassenkonferenz) machen. Wie stelle ich das an?"

Wählen Sie den Zeitpunkt für das Gespräch möglichst frühzeitig und nicht erst kurz vor den Sommerferien, der Konferenz etc. Im besten Fall gab es im Vorfeld schon Gespräche mit den Eltern, in denen die Schulleistungen oder das Verhalten des Kindes besprochen wurden. So sind die Eltern rechtzeitig informiert und können sich darauf vorbereiten. Kommen Sie während des Gesprächs relativ schnell auf den Punkt. Der zeitliche Aspekt ist hier insgesamt wichtig. Gibt es Alternativen zu der Entscheidung? Zeigen Sie sie den Eltern auf und geben ihnen die Wahlfreiheit sowie Bedenkzeit.

Die Frage hinter der Frage könnte sein:

Wie bleibe ich in einem guten Kontakt mit den Eltern, auch wenn ich eine schlechte Nachricht überbringen muss?

Haben Sie zu den Eltern im Vorfeld ein solides Beziehungsfundament aufgebaut, dann fällt das Überbringen einer schlechten Nachricht leichter. Machen Sie den Eltern deutlich, dass Sie sich Gedanken gemacht haben, Ihnen die Entwicklung des Kindes am Herzen liegt und Ihnen das Überbringen der Nachricht ebenfalls sehr schwerfällt.

Es tut mir sehr leid. Ich hätte mir das auch anders gewünscht.

„Wie spreche ich an, dass ich mir eine Vorstellung des Kindes in einer Kinder- und Jugendpsychatrie wünsche, z. B. bei Verdacht auf eine Autismus-Spektrum-Störung (ASS)?"

Die meisten Eltern sind dankbar, wenn es eine Diagnose gibt, die nicht etwas mit ihrer eigenen Erziehungskompetenz zu tun hat. Schulkinder, die in der Schule herausforderndes Verhalten zeigen, tun dies in der Regel auch zu Hause. Die Eltern wissen also, wovon Sie als Lehrkraft sprechen. Dennoch kann natürlich so ein Vorschlag erst einmal sauer aufstoßen. Räumen Sie den Eltern Zeit ein, sich zu informieren. Kommen Sie zu einem anderen Zeitpunkt noch einmal zusammen.

Die Fragen hinter der Frage könnten sein:

a) Was mache ich, wenn die Eltern meine Beobachtungen nicht teilen und keinen Termin in einer kinder- und jugendpsychiatrischen Praxis vereinbaren?

Geben Sie den Eltern die Zeit, die sie brauchen. Dokumentieren Sie weiterhin Ihre Beobachtungen, um Ihren Verdacht weiter durch Daten und Fakten stützen oder ggf. fallen lassen zu können.

b) Was ist, wenn meine Verdachtsdiagnose durch den Fachmann / die Fachfrau nicht bestätigt wird? Verliere ich dann mein Gesicht?

Sie haben Hand in Hand mit den Eltern gearbeitet. Ihre Verdachtsdiagnose konnte aus medizinischer Sicht nicht bestätigt werden. Seien Sie gemeinsam mit den Eltern erleichtert, dass das Kind gesund ist, und überlegen Sie zusammen, wie Sie es im Unterricht und die Eltern es zu Hause am besten unterstützen können.

„Ich nehme vieles, was die Zusammenarbeit mit den Eltern betrifft, mit nach Hause. Das geht mir persönlich sehr nahe. Wie kann ich mich besser abgrenzen?"

Es ist richtig und wichtig, diese eigene persönliche Grenze wahrzunehmen und anzunehmen. Überlegen Sie sich genau, ob Sie zum Beispiel Ihre Privatnummer an Eltern rausgeben müssen, wenn Abgrenzung für Sie ein Thema ist. Welches Ritual könnte Ihnen helfen, Schule Schule sein zu lassen, wenn Sie nach Hause fahren? Ist es zum Beispiel das Händewaschen, bevor Sie die Schule verlassen? Oder aber das Abtreten der Schuhe auf einer Matte, wenn Sie nach Hause kommen?

Die Frage hinter der Frage könnte sein:

Wo liegen meine Grenzen? Warum bin ich so feinfühlig? Wann darf ich mir Zeit für mich erlauben?

Hinterfragen Sie eigene Glaubenssätze. Nutzen Sie, wenn möglich, ein Angebot zur Supervision. Sorgen Sie gut für sich. Sie haben es sich verdient. Nur wenn es Ihnen gut geht, können Sie auch täglich gut für Ihre Schützlinge sorgen.

„Das Kind ist in den Brunnen gefallen. Was ist, wenn gar nichts mehr geht? Was kann ich tun, um die Eltern wieder ins Boot zu holen?"

Konflikte zwischen den Erwachsenen sind immer belastend für das Kind. Ziehen Sie ggf. eine andere Kollegin / einen anderen Kollegen hinzu, mit der/dem ein neuer Beziehungsaufbau möglich ist. Je nach Lage sollten Sie die Schulsozialarbeit, den schulpsychologischen Dienst oder die Schulleitung hinzuziehen. Es kann auch sein, dass ein Konflikt so festgefahren ist, dass ein Kontextwechsel für alle Beteiligten und vor allem für das Kind eine Erleichterung sein kann. Dann wäre ein Klassenwechsel oder gar ein Schulwechsel denkbar.

Die Frage hinter der Frage könnte sein:

Was ist auf der Beziehungsebene schiefgelaufen, dass der Konflikt so eskalieren musste?

Diese Frage können wir als Außenstehende nicht konkret beantworten. Wichtig ist aber in einem ersten Schritt, das Scheitern für sich anzunehmen und den Konflikt zu reflektieren. Im zweiten Schritt geht es darum, Hilfe zuzulassen und anzunehmen. Besinnen Sie sich wieder auf das Wohl des Kindes und überlegen Sie, was das Beste für das Kind sein könnte.

Literaturverzeichnis

AHL, KATI: Elterngespräche konstruktiv führen: Systemisches Handwerkszeug. Göttingen: Vandenhoeck & Ruprecht, 2019, S. 99 ff.

ARNOLD, ROLF: Seit wann haben Sie das? Grundlinien eines emotionalen Konstruktivismus, 3. Aufl., Heidelberg: Carl-Auer-Systeme Verlag, 2019

GRÜTER, SANDRA / ELKE WILD / JULIA GORGES: Erziehungs- und Bildungspartnerschaft: Warum sich die Kooperation zwischen Schule und Familien lohnt, in: SCHULE inklusiv. Ausgabe Nr. 5/2019, S. 4 und 6

SHAZER, STEVE DE: Worte waren ursprünglich Zauber: Von der Problemsprache zur Lösungssprache, 2. Aufl., Heidelberg: Carl-Auer-Systeme Verlag, 2010, S. 43

Schulgesetze

Bayerisches Gesetz über das Erziehungs- und Unterrichtswesen (BayEUG) in der Fassung der Bekanntmachung vom 31. Mai 2000 (GVBl. S. 414, 632, BayRS 2230-1-1-K), das zuletzt durch § 1 des Gesetzes vom 24. Juli 2023 (GVBl. S. 443) geändert worden ist

Link: https://www.gesetze-bayern.de/Content/Document/BayEUG/true

Hamburgisches Schulgesetz (HmbSG) vom 16. April 1997 (HmbGVBl. S. 97), zuletzt geändert durch Artikel 4 des Gesetzes vom 3. Mai 2023 (HmbGVBl. S. 193):

Link: https://www.lexsoft.de/cgi-bin/lexsoft/justizportal_nrw.cgi?templateID=document&xid=170441,1

Hessisches Schulgesetz (HSchG) in der Fassung der Bekanntmachung vom 28. März 2023 (GVBl. S. 183, 216):

Link: https://www.rv.hessenrecht.hessen.de/bshe/document/jlr-SchulGHE2022pG1/part/X

Niedersächsisches Schulgesetz (NSchG) in der Fassung vom 3. März 1998 (Nds. GVBl. S. 137), zuletzt geändert durch Artikel 8 des Gesetzes vom 3. Mai 2023 (Nds. GVBl. S. 80):

Link: http://www.lexsoft.de/cgi-bin/lexsoft/justizportal_nrw.cgi?t=169562827299299889&sessionID=968881506352148676&templateID=document&source=context&chosenIndex=Dummy_nv_68&xid=173129,1

Schulgesetz für das Land Nordrhein-Westfalen (Schulgesetz NRW – SchulG), vom 15. Februar 2005 (GV. NRW. S. 102) zuletzt geändert durch Gesetz vom 23. Februar 2022 (GV. NRW. 2022. S. 250):

Link: https://bass.schul-welt.de/6043.htm#menuheader

Sächsisches Schulgesetz (SächsSchulG) in der Fassung der Bekanntmachung vom 27. September 2018 (SächsGVBl. S. 648), das zuletzt durch Artikel 8 Absatz 8 des Gesetzes vom 6. Juli 2023 (SächsGVBl. S. 467) geändert worden ist:

Link: https://www.revosax.sachsen.de/vorschrift/4192-Saechsisches-Schulgesetz#vwv2#

Vorlage für die Vorbereitung von Elterngesprächen

Raum: ………… Datum: ………… Uhrzeit: …………

Anwesende Personen: …………

…………

Anlass – Was möchte ich mitteilen?
…………

Ziel – Was möchte ich erreichen?
…………

Welche Informationen habe ich / benötige ich?
…………
…………
…………

Wie fühle ich mich, wenn ich an das Gespräch denke?
…………

Mit welcher inneren Haltung gehe ich in das Gespräch?
…………

Was habe ich Positives über das Schulkind / die Eltern zu berichten?
…………
…………

Was brauche ich, um gestärkt in das Gespräch zu gehen?
…………

Was mache ich nach diesem Gespräch?
…………

Gesprächsprotokoll für die Akte

Datum: .... Uhrzeit: ....

Anwesende Personen: ....

....

Art/Zweck des Gesprächs
....

Die wichtigsten Erkenntnisse aus dem Gespräch
....
....

Vereinbarungen
....
....

To-dos
....

Erhaltene/Herausgegebene Unterlagen/Dokumente
....

Nächster Termin: ....

☐ verlesen ☐ alle einverstanden

Unterschriften ....

....

☐ vervielfältigt

Reflexionsbogen für die Lehrkraft nach dem Gespräch

Was lief gut?
....

Was ließe sich verbessern?
....

Welche Infos haben mir gefehlt?
....

Was ist mir aufgefallen?
....

Was will ich beim nächsten Mal noch erfragen?
....

Welche Gefühle hat das Gespräch in mir ausgelöst?
....

Wie gehe ich damit um?
....

To-dos für das nächste Gespräch
....

Themen für das nächste Treffen
....